SCORPIO

WALTER KOHL

Leben
was du fühlst

Von der Freiheit, glücklich zu sein
Der Weg der Versöhnung

SCORPIO

Für Kyung-Sook

© Scorpio Verlag GmbH & Co. KG Berlin · München
Umschlaggestaltung und Motiv: Guter Punkt, München
Satz: BuchHaus Robert Gigler, München
Druck und Bindung: GGP Media GmbH, Pößneck
ISBN 978-3-943416-00-8

Alle Rechte vorbehalten.

www.scorpio-verlag.de

INHALT

VORWORT 6

VON DER FREIHEIT, GLÜCKLICH ZU SEIN 8

Der Mensch bringt täglich seine Haare in Ordnung, warum also nicht auch sein Herz? 8
Wenn das Leben mit einem spricht, sollte man auch zuhören 28
Vergangenheit, Gegenwart und Zukunft 38
Wir wissen oft nicht, was wir glauben – und handeln trotzdem danach 59
Ins Gefühl kommen 69
Wer frei sein will, muss sich die Freiheit nehmen 79

DER WEG DER VERSÖHNUNG 92

Ein Atemholen der Seele 92
Erster Schritt: Was ist mein Anliegen? 100
Zweiter Schritt: Alles auf den Tisch 108
Dritter Schritt: Den Energiewandel erleben 118
Vierter Schritt: Mein Friedensvertrag mit mir selbst 166
Fünfter Schritt: Die neue Kraft im Fluss des Alltags nutzen 175
Für eine Streitkultur der Gelassenheit 184
Die Wahrheit ist dem Menschen zumutbar 193

Dank 198
Anhang 199

VORWORT

Jeder Mensch ist einzigartig. Und so unterschiedlich wir Menschen sind, so vielfältig sind auch unsere Wege zu innerem Frieden, zur Versöhnung, zur eigenen Kraft, zu Lebensfreude und damit zu unserem Glück.

Mit diesem Buch möchte ich einige meiner persönlichen Erfahrungen auf dem Weg zum inneren Frieden und zum Glück mit Ihnen teilen und Sie zu einem bewussten und liebevollen Umgang mit Ihren eigenen Gefühlen anregen. Es wäre schön, wenn ich damit das Sprechen und Nachdenken über unser Inneres aus der Ecke gefühlter Peinlichkeit und stummer Betroffenheit ein Stück weit herausholen könnte.

Unser Leben sollte zu uns passen – und nicht wir sollten zu einem Leben passend gemacht werden, das letztlich das Leben anderer ist. Was immer dem Leben einen über den Alltag hinausweisenden Sinn und uns selbst innerlich eine Richtung gibt, ist richtig. Fühlen wir uns aufgerufen, unser Leben in Selbstverantwortung, Frieden und Freude zu gestalten! Nicht mehr und nicht weniger.

»Leben, was du fühlst« ist mein eigenes Lebensthema, und das umso mehr, seit mein erstes Buch erschienen ist. Dank des überraschend großen Zuspruchs, den ich seither erhielt, hat sich viel bei mir getan. Ich durfte in beglückender Weise die

Wahrheit eines alten Satzes erleben: Wir sind nicht allein auf unserem Weg! Indem wir uns über unsere Erfahrungen und Erlebnisse austauschen, können wir uns gegenseitig Mut machen, uns inspirieren, anspornen und, ja, manchmal auch etwas antreiben. Dass dies nicht immer nur leicht ist, versteht sich von selbst – auch hier spreche ich aus eigener Erfahrung.

Auch wenn die großen Lebensfragen für uns alle ähnlich sind, so muss doch jeder für sich selbst seine stimmigen Antworten finden. Es ist nicht immer sinnvoll, nach allgemeingültigen Regeln zu suchen, denn unser persönlicher Alltag verlangt maßgeschneiderte Lösungen. Aber Hilfe anzunehmen und von den Erfahrungen anderer zu profitieren ist erlaubt! Zur Untermauerung meiner These, dass innerer Friede möglich ist und dass Versöhnung hierbei eine wesentliche Hilfe darstellt, nutze ich auch in diesem Buch Erfahrungsbeispiele aus meinem eigenen Leben. Ich hoffe, es wird Ihnen ein willkommener Begleiter, ja, wie ein Freund sein, der vertrauensvoll mit Ihnen spricht und dessen Meinung, auch wenn sie manchmal anders als die Ihre ist, Sie gleichwohl zum Nachdenken bringt. Wie gesagt: Jeder von uns muss seine eigenen Antworten finden, aber bisweilen kann ein Anstoß von außen hilfreich sein. Wenn das hier gelänge, dann war es richtig, dieses Buch zu schreiben. In diesem Sinne wünsche ich Ihnen, liebe Leserin und lieber Leser, viel Freude beim Lesen. Und alles Gute auf Ihrem Weg!

Walter Kohl

Ostern 2013

VON DER FREIHEIT, GLÜCKLICH ZU SEIN

Der Mensch bringt täglich seine Haare in Ordnung, warum also nicht auch sein Herz?

Wer selbst keinen Frieden hat,
der kann auch keinen Frieden machen.

Ich weiß ehrlich gesagt nicht genau, woher ich dieses Wort habe. Vielleicht von einem lebenserfahrenen Mann, den ich sehr gut kannte. Mein Opa väterlicherseits, Hans Kohl, verlor als Kind seine Eltern bei einem schrecklichen Brand. Er erlebte die Schrecken des Ersten Weltkriegs als Frontsoldat in Frankreich. Auch im Zweiten Weltkrieg musste er wieder Soldat sein und verlor zudem seinen ältesten Sohn Walter, nach dem ich benannt wurde, noch kurz vor Ende der Kampfhandlungen. Gleich doppelt erlebte er die französische Besatzung seiner pfälzischen Heimat, 18 Jahre lang in der Weimarer Republik und zu Beginn des Dritten Reiches und nochmals für drei Jahre vor Gründung der Bundesrepublik Deutschland. Hans Kohls Lebenslinie war fast in ihrer vollen Länge von Umbrüchen, wiederholtem Neuaufbau und den damit verbundenen Strapazen gezeichnet. Seine innere Einstellung aber entsprach perfekt dem oben zitierten Wort, und sein Sterben beweist, dass dessen

Wahrheit tiefer ist, als dass unser Erdenleben mit all seinen Achterbahnfahrten sie erschöpfen könnte.

Im Herbst 1975 muss mein Großvater gefühlt haben, dass seine Kräfte und sein Lebenslicht am Erlöschen waren. Er ging seinen letzten Gang in Würde und Gelassenheit. Ich erinnere mich noch genau an seinen Todestag, es war ein Montag im Oktober. Meine Mutter und ich besuchten ihn und Oma in ihrem Haus in Ludwigshafen-Friesenheim, etwa fünf Kilometer von Oggersheim entfernt. Es war ein ruhiger Nachmittag, und erst schien mir alles wie immer. Opa saß in seinem grünen Lehnsessel, seelenruhig. Doch auf einmal fing er an zu zittern. Selbst ein zwölfjähriger Knirps wie ich spürte sofort, dass jetzt »etwas in der Luft lag«. Opa fror, und das in einem überheizten Raum und obwohl er in mehrere Jacken und Pullover eingehüllt war und zudem noch von einer wollenen Decke gewärmt wurde.

Schon kündigte Mutter mir an, dass ich mit dem Taxi nach Hause fahren würde. Sie bliebe hier. Obwohl von den Erwachsenen immer noch alles als »normal« inszeniert wurde, fühlte ich, ohne zu wissen, warum, einen inneren Aufruhr, als mein innig geliebter Opa mir zum Abschied mit der Hand über den Kopf strich. Dann ging er, gestützt auf meine Mutter, ganz ruhig und gefasst ins Schlafzimmer.

Ich wurde also allein mit einem Taxi nach Hause geschickt, mit aufgewühltem Herzen und dem Kopf voller rätselhafter Gedanken. Später am Abend kam Mutter an mein Bett und erzählte mir, dass Opa eine Stunde nach meiner Abfahrt ruhig in ihren Armen gestorben war. Es war das erste Mal, dass ich dem Tod eines mir nahestehenden Menschen begegnet war, wenn auch noch eine Armlänge davon entfernt, sozusagen.

In seinen letzten Lebensmonaten hat mein Großvater mich wohl besonders gern um sich gehabt. Wir führten für mich unvergessliche Gespräche, die er ganz gezielt nutzte, um Erfahrungen mit mir zu teilen, die mir im Leben nützen sollten. Auch schenkte er mir sein Artilleriefernglas aus dem Ersten Weltkrieg, das ich noch heute in Ehren halte.

»Damit du immer die richtige Sicht auf die Dinge behältst und nicht nur auf das schaust, was direkt vor deiner Nase ist.«

Ich denke, wenn schon nicht im strikten urheberrechtlichen Sinne, so doch sicher im Geiste, darf ich für das eingangs angeführte Wort durchaus meinen Großvater als Quelle anführen. Zumal die intensive Phase des Zusammenseins mit ihm vor seinem Ableben mir gleich drei Lebensweisheiten bescherte, von denen ich noch heute profitiere: erstens, dass ein Mensch weder sich selbst noch andere glücklich machen kann, ohne inneren Frieden zu besitzen. Zweitens, dass es dabei weniger auf die Umstände seines Lebens ankommt, sondern darauf, wie er sie sieht und was er aus ihnen macht. Und drittens, dass ein Mensch Verantwortung nicht nur für sein Tun, sondern auch für sein Nichttun übernehmen muss.

Echter innerer Friede ruht auf zwei Säulen: Zum einen in dem sicheren Gefühl, schmerzhafte Kapitel der eigenen Lebensgeschichte innerlich befriedet zu haben, also ohne Hader oder heimliche Erwartungen mit der eigenen Vergangenheit leben zu können. Zum anderen in der klaren Gewissheit, sich auf einem sinnvollen und stimmigen Weg zu befinden und auf dem Boden der Gegenwart eine freudvolle Zukunft zu gestalten.

Nur wenn wir diese innere Verfassung erreicht haben, erlangen wir souveräne Ruhe und wirkliche Ausgeglichenheit. Es ist dieses tiefe Einverstandensein mit unserer eigenen Biografie, das alte Wunden heilt und leidige Kraftfresser beseitigt, mit denen wir uns jahre-, vielleicht sogar jahrzehntelang herumgeschlagen haben. Das ist es, was ich das Geschenk der Versöhnung nenne. Die alten Erfahrungen sind – und bleiben – zwar noch Teil unserer Gegenwart und Zukunft, aber sie haben ihren Schmerz ein für alle Mal verloren. Damit blockieren sie uns nicht mehr, denn jegliches »Hätte«, »Sollte«, »Müsste« ist überwunden. Endlich können wir unsere Vergangenheit wertungsfrei annehmen. Und sie hören auf, verzerrte Wahrnehmungen zu produzieren und uns in Zorn oder Angst zu treiben und auch nicht in Fehlentscheidungen, denen wir sonst nur zu leicht unterlagen. Innerer Friede und Versöhnung sorgen also nicht nur für neue Kraft, sondern durch sie sind wir auch imstande, uns für andere Menschen einzusetzen. Die Erfahrung zeigt, dass die Fähigkeit, inneren Frieden zu finden, stärker ist als der Kraftverlust durch den Schmerz und die Widrigkeiten des Lebens. Innerer Friede resultiert stets aus Kraftgewinn.

So viel ist sicher: Das Leben wird uns immer wieder, oft völlig überraschend, vor schwierige Situationen stellen. Doch die Bereitschaft und die Fähigkeit zur Versöhnung ermöglichen es uns, diese Prüfungen zu meistern und gestärkt daraus hervorzugehen. Die Herausforderungen des Tages können sogar zum wirksamsten Mittel unserer aktiven, kreativen Lebensgestaltung werden!

Doch um so weit zu kommen, ja, um überhaupt die ersten Schritte auf diesem Weg zu machen, bedarf es entsprechender Voraussetzungen. Inneres Wachstum ist immer natürliches und somit organisches Wachstum. Es braucht fruchtbaren Boden für solches Wachstum, und dieser Boden muss bereitet werden, damit auf ihm das Leben gedeihen, damit schließlich Freude, Erfolg und Glück geerntet werden können. Ich spreche von unserem Herzen, von unseren Gefühlen.

Jeder Gärtner kümmert sich um gesunde Erde für seine Beete. Wer pflanzt schon sein Obst und Gemüse freiwillig in einen mit Schwermetallen, Altöl oder anderen Giften belasteten Boden? Und jeder Bauherr prüft, ob der Grund, auf dem er sein Heim errichten will, tragfähig ist. Wer würde seine Kinder auf dem Areal einer ehemaligen Chemiefabrik aufwachsen sehen wollen, ohne dass dieses ordnungsgemäß saniert wurde? Als Gärtner und als Bauherren sind wir ausgesprochen wählerisch in Bezug auf die Grundlagen unseres Unterfangens – doch wie steht es um unsere Sorgfalt und Fähigkeit zur Selbstprüfung, wenn es um jene Grundlagen geht, auf denen wir nichts weniger als unser eigenes Leben aufbauen wollen?

Meine Mutter schenkte mir einmal eine Spruchkarte, auf der stand:

Der Mensch bringt täglich seine Haare in Ordnung, warum nicht auch sein Herz?

Eine scheinbar simple Aufforderung, oder? Und es fällt so schwer, sie umzusetzen. Wer prüft schon sein Herz, das doch den Boden unserer Gedanken und Gefühle darstellt, auf Kontamination durch problematische Erfahrungen und toxische Folgen ungelöster Konflikte? Es scheint an der Tagesordnung zu sein, davor zu fliehen, damit nach innen zu gehen, in die Verdrängung – oder die eigenen Probleme nach außen zu verlagern und die durch sie gestellten Lebensfragen mit Kampf und Aggression zu »beantworten«.

Auch ich kenne das alte Patentrezept: schweigen, aushalten, aussitzen, durchstehen. Am Ende steht dann Überforderung. Zu viel hat sich angesammelt, zu lange wurde gewartet, bis gar nichts mehr geht. Burn-out heißt das heute, ein neues Wort für ein altes Phänomen. Aber muss es erst so weit kommen? Wäre es nicht viel besser, wenn wir der Frage gesunder, seelischer Lebensgrundlagen die gleiche Aufmerksamkeit wie der Pflege unserer materiellen Interessen schenken würden? Doch schenkt uns das Leben auch hier keine absolute Freiheit. Es knüpft seine Geschenke an gewisse Bedingungen. Das Glück des schnellen Erfolgs, des Sieges, des Triumphs kann berauschen, so wie schöne Musik. Es ist von einer schier überwältigenden Dynamik. Augenblicke des Erfolgs sind geladen mit prickelnder Energie. Aber so wie auch eine Musik irgendwann verklungen ist, verfliegt das Glücksgefühl bei äußeren Erfolgen – und meist schneller, als wir es uns im Moment des Triumphs vorstellen können oder wollen.

Die Alltagsrealität von heute überlagert schnell den Erfolg von gestern. Schlimmer noch, nicht selten werden vergangene Erfolge zur Bürde der Gegenwart. Oft ist damit, ob direkt oder indirekt, die Aufforderung verbunden, auf keinen Fall wieder hinter das einmal Erreichte zurückzufallen. Oder, mehr noch: es zu übertreffen. Der Erfolg von gestern erscheint heute als Selbstverständlichkeit, und nur eine Steigerung wird, wenn überhaupt, noch wahrgenommen und anerkannt.

Es ist verführerisch und gefährlich, sein Glück einseitig mit persönlichen Erfolgen, mit dem Erreichen äußerer Ziele gleichzusetzen. Es ist ein tragischer Irrtum, Glück auf das bauen zu wollen, was wir haben und zu besitzen glauben. Denn Glück ist ein innerer Zustand, ist *eine Form von Sein, nicht von Haben*. Auch wenn Glück und Erfolg eng beieinanderliegen (können), sollten wir sie nicht miteinander verwechseln. Äußere Erfolge sind schön und wichtig, aber sie definieren nicht unser wahres Glück. Wirklich glückliche Menschen machen sich nicht vom Erfolg abhängig, vielmehr finden sie ihr Glück in der Art und Weise, wie sie leben, wie sie sind, mit einem Wort: in ihrem *Sein*.

※ ※ ※

Nach dem Volkswirtschaftsstudium arbeitete ich für eine New Yorker Investmentbank, in einem typischen Wallstreet-Umfeld, wo nur der messbare Erfolg zählt. Großes Geld, große Härte:

So einfach waren dort schon immer die Regeln. Eine Welt des »Fressens oder Gefressen-Werdens«. Am Ende kommt es nur auf eines an: Wer ist der reichste, größte, angesehenste und mächtigste Banker? Aber, wie ich fand, auch eine faszinierende Welt voller Power und Energie! Wenn ich morgens zur Arbeit kam, schien es mir, als ob ich einen Kraftraum voller Hochleistungssportler betrat. Mein Schreibtisch stand in einem der üblichen Großraumbüros eines Wolkenkratzers in Midtown Manhattan. Alle Stockwerke summten und brummten vor Geschäftigkeit. 70 bis 80 Wochenstunden Arbeit im Office waren keine Seltenheit, die Nacht durchzuarbeiten nichts Ungewöhnliches. Ein Leben am Limit, besonders für uns Berufsanfänger, die wir weniger finanziell als durch das Sammeln von Erfahrungen und durch spannende Herausforderungen in diesem Powerhouse entschädigt wurden.

Im ersten Jahr arbeitete ich in einer Industriegruppe mit dem Schwerpunkt Öl und Gas. Danach sollte jeder von uns planmäßig im Rahmen eines zweijährigen Financial-Analyst-Programms in eine neue Gruppe rotieren. Ein banger Moment, denn alle stellten sich jetzt die Frage: Wer wird mich ansprechen? Habe ich mich etablieren können? Packe ich das nächste Jahr? Komme ich in eine gute Gruppe? Würde mich einer der Chefs auf seiner Wunschliste haben – oder müsste ich mich proaktiv bewerben?

Zu meiner großen Erleichterung sprach mich einer der Managing Directors an. Brian leitete ein neues Team im Bereich Projektfinanzierungen und Privatisierungen und suchte Verstärkung. Er führte ein kurz-knackiges Gespräch mit mir und bot mir spontan an, in seine Gruppe einzutreten. Ich war begeistert, denn der Mann war in der Firma eine lebende Legende. Mit über 25 Jahren Berufspraxis gehörte er zu den Top-Bankern, ein Veteran großer Deals. Menschlich verstanden wir uns sofort. Er war von einer erfrischenden Natürlichkeit im Umgang und konnte herzlich lachen. Damit entsprach er so gar nicht dem Stereotyp des unnahbaren, knallharten Wall-Street-Egomanen.

Er nahm mich oft mit zu seinen Meetings. Dort sollte ich einfach nur zuhören und mich auf unsere spätere, interne Analyse des Gesprächsergebnisses und die daraus abzuleitenden nächsten Schritte vorbereiten. In unseren Diskussionen hörte er mir sehr aufmerksam zu, und ich musste mich höllisch anstrengen, seiner Ungeduld und seinen hohen analytischen Anforderungen gerecht zu werden. Außerdem musste ich alle Protokolle schreiben und mich um die Follow-ups für die Kunden kümmern. So wurde ich zu seinem Assistenten, zum Zuarbeiter für den Chef. Dadurch verbrachten wir ungewöhnlich viel Zeit miteinander, und aus irgendeinem Grund erzählte er mir immer wieder Episoden aus seinem ungewöhnlichen Leben.

Während des Börsenbooms der Achtziger hatte Brian einen dreistelligen Millionenbetrag verdient. Er residierte in einem luxuriösen Penthouse an der Park Avenue, mit Blick auf die Skyline von New York. In den Hamptons besaß er ein Sommerhaus, das für meine Begriffe eher einem Schloss glich. Natürlich gab es da auch noch eine »kleine« Wohnung in Vail, Colorado, denn man konnte ja nie wissen, wann sich die Gelegenheit für einen spontanen Skitrip bot. Ansonsten jettete er um die Welt, um Transaktionen anzubahnen. In der Tat: ein Leben wie in einem Film! Brian, so erschien es mir damals, war ein glücklicher, weil wohlhabender, angesehener und erfolgreicher Mann. Ein Mann, der alles »hatte«. Ein Mann, der alles »bekam«, was er nur wollte. Mir schien klar, so sieht ein glückliches Leben aus.

Allerdings: Wie fast alle Mitarbeiter der Bank jenseits der Stufe Vice President – also die eigenverantwortlich Handelnden – war auch Brian geschieden. Zu seinen Kindern hatte er fast keinen Kontakt mehr, sie lebten bei der Mutter, Tausende von Meilen entfernt. Und er selbst war immer unterwegs, rastlos auf der Jagd nach dem nächsten Deal. Ein moderner Nomade, und dabei immer First Class. Ein charismatischer Gesprächspartner, ein exzellenter Kommunikator. Er führte ein prall gefülltes Telefonbuch, hatte ungeheuer viele »friends« – doch hatte er auch wirkliche Freunde?

Nach einigen Monaten zogen Gewitterwolken über unserer Gruppe auf. Brian kam unter Druck. Im Vorstand der Bank tobte ein Machtkampf, in den auch er verwickelt war. Er hatte sich mit bestimmten Protagonisten verbündet, am Ende wohl aber mit den Falschen, nämlich den Verlierern. Als kleine Mitarbeiter wussten wir nur wenig über diese Auseinandersetzungen, die offiziell ja gar nicht stattfanden. Aber der Flurfunk erging sich in immer neuen Gerüchten. Wir hielten einfach nur still, denn selbst Stellung zu beziehen war undenkbar, alles spielte sich hinter einer undurchdringlichen Nebelwand von Informationen aus zweiter und dritter Hand und nicht überprüfbaren Gerüchten ab.

Eines Morgens wurde es jedoch offiziell, sehr offiziell sogar. Um zu meinem Arbeitsplatz zu gelangen, musste ich immer an Brians Office vorbei, das als Chefbüro eine eigene, abgeschlossene Räumlichkeit bildete, mit einer breiten Fensterfront und fantastischem Ausblick auf die Skyline Manhattans. Direkt davor, im fensterlosen inneren Bereich des Wolkenkratzers, wo selbst noch mittlere Angestellte in mit halbhohen Stellwänden voneinander abgetrennten *work boxes* arbeiteten, hatte seine Sekretärin ihren Platz. Ich begrüßte sie, wie immer mit dem formlos-fröhlichen »Hello, good morning. How are you doing?«, das hier üblich war. Doch diesmal erhielt ich keine Antwort. Ich trat näher und schaute über die Abtrennung, die ohnehin so gut wie keine Privatsphäre bot. Da saß sie, mit versteinertem Gesicht und verweinten Augen. Ich wagte nichts zu sagen, sondern schaute sie nur fragend an: Was ist denn los?

Wortlos wendete sie den Kopf und nickte in Richtung der angelehnten Tür des Chefbüros. Ich zögerte, denn normalerweise hätte ich nie gewagt, Brians Reich unaufgefordert zu betreten. Heute Morgen aber erschien plötzlich alles anders. Ich öffnete die Tür und blickte hinein. Alles war wie immer perfekt aufgeräumt, doch ein Gegenstand störte massiv: ein großer, brauner Umzugskarton, der rücksichtslos auf die Schreibtischplatte gestellt worden war. Ich erschrak, denn das war ein unmissverständliches Zeichen.

Brian befand sich gerade auf dem Rückflug aus Europa, wir erwarteten ihn nur wenige Stunden später zurück. Doch der Karton war jetzt schon da. Ein klares, ja ein brutales Signal: *You are fired!* Sie sind entlassen! Solch ein Karton war die Methode *quick and dirty* – der harte Weg, um einen Mitarbeiter öffentlich bloßzustellen und damit allen zu zeigen: Jetzt ist Schluss, das war es! Das Tischtuch ist zerschnitten. Pack deine Sachen und geh. Damit gab es kein Zurück mehr. Ich war fassungslos.

Sprachlos ging ich zu meinem Desk und saß einfach nur da. Offensichtlich war ganz oben eine Richtungsentscheidung gefällt worden. Die Konsequenzen für meinen Chef waren glasklar. Doch was bedeutete das für uns, die Mitarbeiter seiner Gruppe? Besorgt flüsterten wir miteinander, während die Blicke der anderen auf uns lagen, teils neugierig, teils mitfühlend, teils wohl auch hämisch. Die Zeit wollte nicht vergehen. Immer wieder schaute ich auf die Uhr, aber das quälte nur noch mehr. Jeder hing seinen eigenen Gedanken nach, gearbeitet wurde an diesem Morgen so gut wie nichts. Brian gefeuert, die Gruppe womöglich in Auflösung! Wir fürchteten um unsere Existenz, meine eigene Kündigungsfrist betrug nur zwei Wochen. Was würde geschehen?

Endlich kam Brian den Gang herauf. Er sah übernächtigt aus nach dem langen Flug und wirkte wie ein Soldat nach der Schlacht. Wortlos ging er in sein Zimmer, schloss die Tür hinter sich, und ein mehrstündiger Telefonmarathon begann. Die Kiste hatte er auf den Boden neben seinen Schreibtisch gestellt, während er ohne Ende telefonierte, so viel konnte ich durch die längliche Scheibe neben seiner Bürotür sehen. Alles andere blieb vorerst sein Geheimnis.

Schließlich rief er uns zu sich. Er erklärte uns, was wir natürlich schon erwartet hatten: dass er mit sofortiger Wirkung die Firma verlassen würde. Diese Entwicklung der Dinge habe er schon seit einiger Zeit kommen sehen, doch habe er uns nicht beunruhigen wollen und deshalb geschwiegen. Jetzt, nachdem die Würfel gefallen waren, sei noch ein letztes Thema zu klären gewesen: unsere neuen Jobs innerhalb der Firma. Daher seine endlosen Telefonate am Nachmittag.

Wir saßen sprachlos um ihn herum. Nein, er hatte uns nicht vergessen, er hatte sich auch in diesem für ihn so schweren Moment um sein Team gekümmert! Tränen standen uns in den Augen, als er in aller Ruhe einem nach dem anderen eröffnete, wo sein neuer Arbeitsplatz sein würde und welche Chance das für seine Zukunft in der Firma bedeuten könnte. Selbst im Moment der eigenen Niederlage hatte dieser Mann sich verantwortungsbewusst gezeigt. Die ganze Zeit blieb er souverän und gefasst. Ich bewunderte ihn für diese Haltung. Als alles gesagt war, schickte er uns hinaus und bat darum, ihn allein zu lassen.

What a difference a day makes! Morgens ist die Welt noch in Ordnung – und am Abend fühlt man sich wie nach einem Wirbelsturm. Mein Kopf glühte, meine Gedanken wirbelten durcheinander wie ein Schwarm Wespen. Schon nächste Woche sollte ich mich bei meiner neuen Chefin in der Gruppe für Börseneinführungen melden. Es galt nur noch wenige Vorgänge abzuwickeln und unsere bisherige Tätigkeit an eine andere Gruppe, die von einem der Gewinner des Machtkampfs geleitet wurde, zu übergeben. Die Sieger übernahmen die Kunden, die Verlierer hatten das Feld zu räumen. So verhält es sich in der Welt des Investmentbanking: Das eigene berufliche Schicksal kann genauso volatil werden wie der Derivatehandel.

Obwohl die Erleichterung bei allen im Team spürbar war, hinterließ die Art und Weise, wie man Brian abserviert hatte, doch ein flaues Gefühl der Verunsicherung. Uns war überdeutlich gezeigt worden, »wo der Hammer hängt«. Und was für kleine Rädchen im großen Getriebe wir doch eigentlich nur waren. Irgendwie kam man sich vor wie ein lebloses Stück Bühnenkulisse, das ohne viel Federlesen von A nach B zu verschieben war. Und das alles, ohne ein einziges Wort mit unserem großen Regisseur zu wechseln: Ein simples Symbol, ein schlichter Karton, hatte genügt, und schon war sogar für ihn alles anders geworden. Wenn er sich nicht selbst noch in letzter Minute darum gekümmert hätte – wie wäre man wohl mit uns, seinen Komparsen, verfahren? Auf einen Schlag hatte das Glamourbild, das ich mir von einer Karriere in dieser Welt gemacht hatte, herbe Kratzer bekommen.

Einige Wochen später traf Brian mich zu einem Abendessen. Ich staunte nicht schlecht, als ich ihn sah. Im Restaurant saß nicht mehr der selbstbewusste, dynamische und smarte Senior Investmentbanker, den ich gekannt und bewundert hatte. Mir gegenüber saß da ein scheuer, mir fast fremder Mann. Wie ein General ohne Sterne und Truppen, schoss es mir durch den Kopf. Wir blickten uns an, und eine fast beklemmende Stille entstand, die wir anfänglich mit Small Talk zu überbrücken suchten.

Nach einer Weile begann unser Gespräch fast peinlich oberflächlich zu werden. Das spürten wir wohl beide, denn plötzlich machte Brian eine für ihn typische Handbewegung, wie um etwas wegzuwischen und damit eine entschlossene Ansage vorzubereiten:

»*Cut the crap!* Hör auf mit dem Scheiß!«

Ich musste grinsen. Endlich, das war der alte Brian, den ich kannte. Nun begann er Tacheles zu reden. Es wurde ein langer, sehr langer Monolog. Aber alles andere als langweilig für mich. Er schilderte mir fast sein ganzes berufliches Leben: wie er in Harvard seinen MBA gemacht hatte, seine Jahre in der US Army, seinen Eintritt in die Firma. Er erzählte mir von seiner rasanten Karriere, wie er in Rekordzeit befördert worden war, internationale Büros für die Bank aufgebaut hatte und schließlich einer der jüngsten Partner wurde. Der große Geldregen kam für ihn mit dem Börsengang.

»Weißt du«, bilanzierte er mit belegter Stimme und einem traurig-schiefen Lächeln, »damals war ich einer der größten Aktionäre aus dem Management. Ich habe viel, sehr viel Geld verdient. *I was a happy man.*«

Ja, er schien nach wie vor stolz zu sein auf seine Karriere, seine Erfolge, seinen Reichtum. Das spürte ich, aber ich fragte mich doch gleichzeitig: Hatten ihn all diese Jahre auch nur ein einziges Mal wirklich glücklich gemacht? Und ich fühlte, dass er nur einen winzigen Schritt davon entfernt war, diese Frage sich selbst zu stellen. *The elephant is in the room*, sagen die Amerikaner: Der Elefant ist mitten im Zimmer. Er überschattet alles andere, doch niemand will ihn sehen … So blieb die entscheidende Frage zunächst im Raume stehen. Keiner von uns beiden wagte sie aufzugreifen, denn die Antwort wäre sehr ernüchternd ausgefallen. Unser Gespräch stockte.

»Und wie geht es jetzt mit dir weiter?«, forschte ich schließlich nach.

»Ich weiß es nicht«, war die offene und ehrliche Antwort. »Um noch einmal bei einer anderen Bank anzufangen, bin ich zu alt. Geld muss ich keines mehr verdienen. Aber was soll ich nun mit meinem Leben machen?«

Viele der sogenannten Freunde hatten sich sofort zurückgezogen, manche hatten ihn gar öffentlich als Verlierer gebrandmarkt. Verlierer zu sein ist eine unverzeihliche Sünde im Zirkel der *Top Guys* dieser Branche. Es beschert ein Leben im materiellen Überfluss und mit viel, viel Zeit. Aber auch ein Leben in Vergessenheit. Nun saß Brian also einsam und verlassen in seinen teuren, schönen Wohnungen. Und gar manches, wofür er jahrzehntelang gekämpft und gerackert hatte, erschien ihm plötzlich so fremd, so sinnlos.

»Ich fühle mich wie ein Profifußballer, der durch eine schwere Verletzung plötzlich nicht mehr aufs Feld kann.«

Der Vergleich schien mir ein wenig zu hinken, hatte er doch eine glänzende Karriere hingelegt. Auch war er körperlich kerngesund.

»Aber du hast doch alles erreicht. Du musst ja gar nicht mehr raus und deine Knochen hinhalten. Jetzt bist du die Arbeit endlich los. Du bist frei, du bist gesund. Du musst dir keine Geldsorgen machen. Jetzt kannst du doch eigentlich das Leben genießen. Die Welt steht dir offen!«

Ich sprach diese Worte, ohne zu bemerken, dass sie eigentlich auch an mich selbst gerichtet waren, als einem ernsthaften Kandidaten für ein Leben auf der Überholspur. Das aber dämmerte mir selbst dann noch nicht, als Brian sich immer weiter öffnete:

»Genau das ist das Problem, Walter«, fügte er hinzu. »Ich wollte immer nur arbeiten, arbeiten, arbeiten. Dabei habe ich verlernt zu leben. Ich war immer unterwegs, ständig auf dem Sprung, wie ein Raubtier auf der Jagd. Mehr als ein halbes Leben nur Kampf, Kampf, Kampf. Ich habe vergessen, was es heißt, wirklich zu leben. Was es heißt, wirklich glücklich zu sein. Funktionieren ja, aber leben: Wie geht das? Und jetzt – jetzt ist keiner da, mit dem ich mein Dasein teilen kann.«

Ich wusste nicht so recht, was ich darauf entgegnen sollte. Der Mann hatte in meinen Augen doch alles erreicht, und nun hockte er hier wie ein Häufchen Elend. Das konnte doch nicht sein! Ich war tief verwirrt. Brian brach die Stille und nahm den Gesprächsfaden wieder auf.

»Weißt du«, bemerkte er leise und sah mich ernst an, »ich habe viele Erfolge gehabt, habe manchen Triumph gefeiert, aber glücklich war ich eigentlich nie. Was nützt dir ein Erfolg? Hast du in diesem Jahr ein Riesenergebnis, dann wollen sie im nächsten das Gleiche, möglichst sogar noch mehr. Und im darauffolgenden Jahr darf's dann schon aus Gewohnheit bitte nochmals etwas mehr sein. Dieses Mehr-und-immer-Mehr macht dich kaputt. Du wirst abhängig vom Erfolg. Es ist wie eine Sucht. Du rennst und rennst, und nach 25 Jahren fragst du dich, wohin und warum eigentlich? Und in all diesen Jahren hast du dich nie gefragt: Ist es tatsächlich das, was mich glücklich macht? Bin ich das? Deine Entschuldigung dafür, dass du dieser Frage ausweichst, ist sehr einfach: Du hast schlicht keine Zeit dafür.«

Er verfiel in ein beredtes Schweigen. Auch ich schwieg, allein mit meinen Gedanken. Dann durchbrach sein bitterer Satz die Stille:

»Aber all das wurde mir schlagartig klar an dem Tag, an dem sie mich rausgeworfen haben.«

Ich schluckte, war zugleich berührt und verunsichert. Es wurde mir mulmig zumute. Ohne dass es mir jetzt voll bewusst geworden wäre, schwante mir so langsam, dass es hier auch irgendwie um mich ging. Nicht um mich in dieser Situation, aber um den Walter der Zukunft.

»Na, dann ist es wohl noch nicht zu spät«, versetzte ich mit einem wohl leicht gequält wirkenden Lächeln. Brian sah mich überrascht an und zeigte auf einmal sein breites amerikanisches Grinsen ... Ja, und dann hatten wir wirklich einen sehr geselligen, allerdings auch ungewöhnlich nachdenklichen Abend miteinander. In der Folge trafen wir uns mehrmals, doch mit der Zeit trennten sich unsere Wege, und schließlich verloren wir uns aus den Augen.

Jedoch etwas blieb bei mir hängen. Auch wenn ich dies erst viele Jahre später voll bewusst wahrnahm. An jenem Abend mit meinem ehemaligen Chef ereilte mich zum ersten Mal eine Ahnung von der Freiheit, glücklich zu sein. Eine leise Ahnung nur, aber es blieb doch eine Erinnerungsspur zurück. Allerdings war ich noch viel zu beschäftigt mit dem Aufbau einer eigenen Karriere, mit der Suche nach Erfolg und Anerkennung – und Glück. Ein halbes Jahr später war mein Vertrag in New York erfüllt. Ich beschloss, nach Deutschland zurückzukehren, und ich schlug tatsächlich einen anderen beruflichen Weg ein. Immerhin hatte ich erkannt, dass eine Karriere auf diesem Gebiet nicht mein Weg sein konnte.

Aber Karriere wollte ich machen, also ging ich in deutsche Großunternehmen mit dem Ziel, dort an die Spitze zu kommen. Meine Erinnerungen an New York verblassten mit der Zeit und die Erfahrung mit Brian wurde zur Episode. Als Jäger nach dem trügerischen Glück äußeren Erfolgs wurde auch ich zum Getriebenen – zum Gefangenen des Hamsterrads – in dem man immer nur rennt und rennt, ohne jemals wirklich irgendwo anzukommen. Doch irgendwann konnte ich einfach nicht länger vor mir selbst davonlaufen. Ich musste mich den gleichen Fragen stellen wie seinerzeit Brian: Was heißt es eigentlich, erfüllt zu leben? Was ist der Sinn meines Lebens? Hat es überhaupt einen Sinn?

Und, letztlich: Was macht mich wirklich glücklich?

Kann es sein, dass die Antwort am ehesten zu finden ist, wenn man einfach das Fragewort ändert? Wenn man also fragt: *Wie* werde ich glücklich? Der kleine, aber hochwichtige Unterschied zwischen »Was« und »Wie« erschließt sich durch ein Wort Albert Schweitzers:

»Das Heil der Welt liegt nicht in neuen Maßnahmen, sondern in neuen Gesinnungen.«

Ein Satz, der für mich zu einem Schlüssel auf der Suche nach meinem eigenen Glück wurde. Mit der Zeit begann ich zu begreifen: Mein persönliches Glück liegt nicht so sehr im *Was*, sondern im *Wie*. Indem ich es nicht so sehr darauf ankommen lasse, etwas Bestimmtes zu erreichen, um glücklich zu sein, mache ich mein Glück nicht mehr von äußeren Dingen abhängig. Ich erweitere meine Glücksmöglichkeiten – *ich nehme mir die Freiheit, glücklich zu sein*. Und zwar – als notwendige, wenn auch womöglich nicht ganz hinreichende Voraussetzung für mein Glück – indem ich auf mein Inneres einwirke. In der Begrifflichkeit Albert Schweitzers: auf meine »Gesinnung«.

Den Grundstein für mein Glück setze ich demnach in mir selbst.

Glück ist zuallererst der Ausdruck dessen, wie ich mich selbst, andere Menschen und die Welt *sehe*. Und dieser Blick richtet sich immer zuerst auf mich selbst, vor allem auf die Gefühle, in deren Mitte ich lebe und die mir zeigen, ob ich Frieden mit mir selbst und mit der Welt gemacht habe oder nicht. Unser Glück wohnt letztlich in uns selbst – und wenn wir es dort gefunden haben, wird auch unser äußeres Leben erfüllt und sinnvoll sein. Gleichwohl: Kein Glück ist vollkommen, das sich nicht auch im äußeren Leben erweist. Ein Satz von Karl Böhm bringt es auf den Punkt.

»Glück ist ein Maßanzug. Unglücklich sind meist die, die den Maßanzug eines anderen tragen möchten.«

So wie ein Maßanzug der Gestalt unseres Körpers angepasst wird, so ist auch unser ganz persönliches Glück eine Maßanfertigung, nur eben seelischer Art: als harmonische Beziehung zu uns selbst und zu anderen Menschen. Dauerhaftes Glück ist Maßarbeit, es ist das Ergebnis erfolgreicher Gestaltung unseres inneren und äußeren Lebens. Unsere Lebensgestaltung muss demnach unserer eigenen Biografie und unseren eigenen Stärken und Schwächen Rechnung tragen. Und auch um diesen Maßanzug schneidern zu können, muss zunächst richtig Maß genommen werden. Wir müssen uns selbst besser kennenlernen! Das bedeutet in schöner Regelmäßigkeit, sich auch mit gewissen Unzulänglichkeiten seiner selbst zu beschäftigen, sie anzunehmen und an ihnen zu arbeiten. Denn sonst fängt der »Glücksanzug« an zu zwicken, das heißt, das Leben kann zur Qual werden.

Aber dieses Leben schreitet ständig voran. Ob wir es wahrhaben wollen oder nicht! Die Welt um uns herum verändert sich und wir uns mit ihr. Was gestern noch undenkbar war, ist heute Realität. Gerade wir heutigen Menschen leben in bewegten Zeiten. Die Welt ist im Fluss – genau wie unser Glück. Deshalb können wir es auch nicht festhalten, selbst wenn wir es wollten. Und wer wollte das eigentlich nicht ... Doch wer es immer wieder krampfhaft versucht, der zerstört sein Glück, denn Glück ist kein eingemauerter Status quo. Glück als unverrückbares, finales Ergebnis gibt es nicht. Glück entspringt vielmehr unseren inneren Einstellungen, unseren Gesinnungen, unserer Sicht der Dinge. Jeden Tag neu. Und es ruht auf dem Fundament unserer Gedanken und – noch vor allem anderen – unserer Gefühle.

Besitz, Macht und Ansehen werden uns vom Leben nur geliehen. Wirklich zu genießen sind sie sowieso nur dann, wenn wir sie nicht auf Kosten anderer erworben haben. Und jeder, der sein Glück vornehmlich über äußere Errungenschaften definiert, wird dazu neigen, ständig darüber zu wachen, dass ihm nichts abhandenkommt. Einmal diskutierte ich diese Fragen mit einem Kollegen aus dem Management, der sich völlig der Trinität aus Macht, Besitz und Ansehen verschrieben hatte. Ich fragte ihn: »Was soll denn einmal auf Ihrem Grabstein stehen? Steht da: ›Hat stets die Planzahlen übererfüllt und lebte im tollsten Haus‹…?« Er antwortete mit einem intensiven Schweigen.

Wahres Glück liegt, ich scheue mich nicht, es nochmals zu sagen, niemals im Haben, sondern immer im Sein. Gerade weil Glück nicht wägbar, nicht portionierbar und nicht käuflich ist, müssen wir uns ihm bewusst und achtsam nähern. Es vielleicht auch an anderen Orten suchen als dort, wo wir bisher danach Ausschau gehalten haben. Und wir sollten nie vergessen, dass es ein flüchtiges Gut ist! Im alten Rom gab es eine kluge Einrichtung, wenn Feldherren siegreich aus dem Kriege zurückkehrten und unter dem Jubel der Massen im Triumphzug durch die Stadt paradierten. Auf dem Siegeswagen fuhr auch ein Sklave mit, der hinter dem Gefeierten stand und dessen oberste Pflicht es war, ihm immer wieder zuzuflüstern: »Bedenke, dass du sterblich bist.«

Hierin kam eine Ausgewogenheit der Betrachtungsweise zum Ausdruck, die man sich bei manchem heutigen Exponenten von Ruhm und Erfolg wünschen würde. Sowohl die Ambitionen, als auch die Grenzen des menschlichen Lebens und Strebens fanden darin ihren Platz.

Fast alle Menschen wollen und müssen »haben«. Etwas zu besitzen ist ein Urbedürfnis, es gehört unzweifelhaft zum normal sterblichen Leben mit dazu. So gilt es, immer wieder abzuwägen und eine stimmige Mitte zwischen Haben und Sein zu finden. Es ist nicht gesund, in Extreme zu verfallen und sich nur dem Innern oder nur dem Äußeren zuzuwenden. Auch materieller Besitz, Anerkennung und Erfolg sind erstrebenswert! Wobei die Betonung auf »auch« liegt. Haben und Sein müssen im Einklang miteinander stehen. Es gilt, die eigene, für uns selbst stimmige Balance zu finden – eben seinen Maßanzug in Sachen Glück selbst zu schneidern. Das macht unsere Freiheit aus, glücklich zu werden und zu bleiben. Wir können diese Freiheit für uns reklamieren. Allerdings müssen wir auch bereit sein, den dazu notwendigen Mut und den Willen zur Unabhängigkeit von den Urteilen anderer aufzubringen.

Wenn das Leben mit einem spricht, sollte man auch zuhören

*Manchmal ist man so verbohrt,
dass man erst mit sanfter Gewalt auf sein Glück
gestoßen werden muss.*

Als ich auf diesen Satz des Schriftstellers Hans Bemmann stieß, fühlte ich mich sofort selbst angesprochen. Bis auf das Adjektiv »sanft« allerdings: Bei mir musste erst etwas Heftiges geschehen, um tatsächlich eine echte Einstellungs- und Verhaltensänderung herbeizuführen.

Ich weiß nicht, ob der Mensch »von Natur aus bequem« ist, wie manchmal plakativ behauptet wird, doch ich denke, wir neigen häufig zu einer gewissen Trägheit. Solange alles nur einigermaßen läuft und ein kritisches Niveau an emotionaler Belastung nicht erreicht wird, lümmeln wir nur zu gerne auf der bequemen Couch unserer alten Gewohnheiten, Vorlieben und kleinen Annehmlichkeiten herum. Wenn es uns gut zu gehen scheint, rappeln wir uns nur äußerst ungern dazu auf, an uns zu arbeiten. Wozu auch? Wir fühlen uns ja bestätigt, weil es uns gut geht. Also bleiben wir lieber auf dem Stand, den wir innerlich erreicht haben, und genießen das äußerlich Errungene. Und das ist nur zu verständlich, wenn auch nicht unbedingt förderlich für uns.

Aber dann, in dem Moment, da das Leben so richtig hart zuschlägt, wachen wir auf – wenn wir es uns denn gestatten. Immerhin, wenn der Druck der Umstände unerträglich wird, scheint unsere Bereitschaft zu wachsen, uns selbst zu hinterfragen. Dann – hoffentlich – kommen wir zu der Erkenntnis, dass es »so nicht weitergehen kann«. Und wenn wir es ernst damit meinen, öffnen wir uns sogar wirklich und ehrlich den Herausforderungen, vor die das Leben uns stellt. Dann endlich sind wir bereit, neue Wege zu erschließen und zu beschreiten.

Ich bin in diesem Zusammenhang keine Ausnahme, leider. Auch ich praktizierte die »altbewährte« Technik des Aussitzens und Klammerns an übernommenen und überkommenen Mustern und Verhaltensweisen. Ich erkannte nicht, dass mich dies immer tiefer in Entmutigung und Unzufriedenheit führte. Ich machte mir, und das erscheint mir heute als entscheidend, auch keinerlei Gedanken über meine Gefühle des Zorns, der Enttäuschung und der Angst. Was immer ich fühlte, ich nahm es unreflektiert, ja hilflos wie etwas Naturgegebenes hin. Ich folgte meinem eigenen Hang zur Impulsivität ebenso unkritisch, wie den mir eingepflanzten Wertvorstellungen und Gewohnheiten, wie ein Schaf dem Leittier der Herde. Dadurch entstand eine seltsame Situation: Äußerlich ging es für mich auf dem Karriereweg voran, jedes Jahr etwas höher auf der Leiter, innerlich aber verkümmerte ich zusehends. Es schien, als ob der äußerliche, der erwachsene, große Walter vor sich hin funktionierte und der innere, der emotionale, kleine Walter sich tiefer und tiefer in ein Mauseloch verkroch. Alles schien bestens, solange ich nur arbeiten, machen, tun, funktionieren konnte, also beschäftigt und abgelenkt war. In diesen Jahren lautete meine Devise: Gebt mir eine Herausforderung, ein Problem – und dann wird so lange geschuftet, bis es gelöst ist. Wie aber sah es in meiner Seele aus? Dort herrschten Sprachlosigkeit, Beklemmung und Dürre. Mit der Zeit war meine Seele zu einer Art Brachland verkommen, ungepflegt, aufgegeben und leblos.

Man gestatte mir zur Klarstellung an dieser Stelle einige Worte darüber, was ich mit dem Wort »Seele« meine, das ich, trotz mancher Kritik, gern gebrauche. Was ist die Seele? Für mich jedenfalls nichts, was in diesem Leben ungreifbar bleibt, um in einer, wie immer gearteten, jenseitigen Existenz – vielleicht – ein paradiesisches Leben zu führen. »Seele« ist für mich, schlicht und ergreifend, unser innerster Lebenskern – in *diesem*, unserem *einzigen* Leben, bis zum Beweis des Gegenteils. Ich möchte »Seele« als die Gesamtheit aller unserer Gefühlsregungen und geistigen Vorgänge bezeichnen. *Die Seele ist für mich das tief in unserem Inneren verborgene Schaltpult unserer Persönlichkeit.* Die Seele ist der Ausgangspunkt unseres bewussten Ich und zugleich unser Verbindungspunkt mit Gott. Die Seele ist das innere Zentrum, von dem aus wir unser Leben steuern. Oder, wenn wir fremdbestimmt leben, in dem wir jene schmerzliche innere Leere verspüren, die uns mit Flucht oder Kampf reagieren lässt. Je nach Anlass, je nach »seelischer Konstitution«.

In früheren Jahren hatte ich ausgeklügelte Mechanismen entwickelt, um nicht über meine Gefühle nachdenken, ja, nicht einmal auf sie sehen zu müssen. Ich wollte mit aller Gewalt eine noch größere Trübsal vermeiden, die sonst unausweichlich schien. Eine besonders bizarre Form der Flucht war mein Hang, die Probleme anderer Menschen so sehr zu den meinen zu machen, dass ihre Lösung zum Berechtigungsnachweis meiner eigenen Existenz wurde! Überspitzt ausgedrückt: Ich war fast kümmersüchtig. Die logische Folge dessen, dass ich dabei mein ureigenes, authentisches Gefühlsleben geflissentlich übersah und konsequent vernachlässigte, war eine Art innerer Verarmung, ja Verwahrlosung.

Mit dieser starren Grundeinstellung war es mir immerhin möglich gewesen, die Schulzeit zu überdauern, denn sie eröffnete mir scheinbar hilfreiche Verhaltensmuster, um bestimmte Stresssituationen, wie sie für meine Biografie typisch waren und teilweise noch sind, von mir abperlen zu lassen wie Wassertropfen auf einem imprägnierten Regenmantel. Während meiner Bundeswehrzeit wurde ich dann jedoch, wie man so schön sagt, derart deutlich mit der Nase darauf gestoßen, dass sogar mir (fast) klar wurde, dass ich permanent vor mir selber weglief.

Ich diente schon seit etwa 18 Monaten in einer Infanterieeinheit, in der es ziemlich rau zuging. Inzwischen war ich zum stellvertretenden Zugführer aufgestiegen und Vorgesetzter von 15 Soldaten einer Milan-Panzerabwehreinheit. Ich mochte diesen Dienst und nahm die damit verbundene Verantwortung gern an – richtiggehend stolz aber war ich auf das gute Verhältnis zu »meinen« Männern. Eines Tages allerdings gerieten mein Zugführer und ich aneinander. Es ging darum, ob gegen einen der Soldaten eine disziplinarische Maßnahme verhängt werden sollte. Er war dafür, ich dagegen. Wir diskutierten lange und lautstark. Irgendwann aber wurde es ihm zu bunt, und er fuhr mich an:

»Ach, du mit deinem Samariterkomplex! Du willst ja doch immer nur gemocht werden.«

Rumms, das saß, der berühmte Schlag ins Kontor. Zorn stieg in mir auf, und zunächst war ich sprachlos. Und dann eskalierte unser Wortgefecht um eine weitere Stufe. Schließlich hatte er die Nase voll, und als der Klügere von uns beiden stieg er aus der Diskussion aus, statt mir einen Befehl zu erteilen. Kopfschüttelnd verließ er unser gemeinsames Dienstzimmer. Ich war so wütend, dass ich am ganzen Leibe bebend dasaß, halblaut vor mich hin fluchend.

»Du Arsch! So eine Frechheit!«, kochte es in mir, »das lass ich mir von niemandem sagen.«

Aber ich spürte sehr wohl auch, dass er einen wunden Punkt getroffen hatte. Von Beginn an gebrandmarkt als »Sohn vom Kohl«, war ich als Außenseiter in jene Bundeswehreinheit gekommen, und es war mein sehnlichster Wunsch, diese Hypothek durch ein vorbildliches Verhalten abzutragen. Und das in einer Zeit außergewöhnlicher politischer Spannungen. Mein Dienstantritt Anfang Oktober 1982 lag nur wenige Tage nach dem Misstrauensvotum im Deutschen Bundestag, das zur Ernennung meines Vaters zum Bundeskanzler geführt hatte. In den darauffolgenden Monaten verschärfte sich das politische Klima spürbar. Die Umsetzung des »NATO-Doppelbeschlusses«, mit der mein Vater seine politische Zukunft verband, stieß in weiten Teilen der Bevölkerung auf heftigsten Widerstand. Weltuntergangsszenarien liefen um und schürten die Angst vor einem nuklearen Holocaust. Massendemonstrationen wie die im Bonner Hofgarten und die mehr als 100 Kilometer lange Menschenkette von Mutlangen nach Stuttgart beherrschten die Schlagzeilen. Für meine Mutter, meinen Bruder und mich hatte all das sehr spürbare Folgen. Wie nie zuvor mussten wir als Blitzableiter für die politische Tätigkeit meines Vaters herhalten und waren in unserem persönlichen Alltag heftigsten Anfeindungen ausgesetzt. Diese Stellvertreterfunktion, dieses »Herhalten-Müssen« für etwas, mit dem ich so überhaupt nichts zu tun hatte, fraß an mir. Es zersetzte mein Selbstbewusstsein, es drang wie Säure in meine Gefühle. Gerade einmal knapp 20 Jahre alt, suchte ich noch tastend nach mir selbst.

Aber das war nun einmal die politische Wetterlage, in der ich meine Dienstzeit bei der Bundeswehr absolvierte. Ich hatte damals ein einziges Ziel, für das ich alles zu geben bereit war: ein guter Soldat und ein akzeptierter Vorgesetzter und Kamerad zu sein, nicht mehr und nicht weniger. Ich wollte Anerkennung für das, was ich selbst leistete, und nicht zum Opfer von Vorurteilen und Projektionen werden. Ich wollte mich beweisen, wollte es allen zeigen, dass ich ein eigenständiger Mensch war und nicht ein Abziehbild, der »Sohn vom Kohl« eben. Schon während der Grundausbildung bemühte ich mich nach

Kräften, ja keine Schwäche zu zeigen und den harten Dienst mit den üblichen Schikanen einer Infanterieeinheit klaglos zu leisten, damit nicht der Verdacht aufkäme, ich beanspruchte eine Sonderbehandlung. Ich sehnte mich danach, meinen Platz in der Gemeinschaft zu finden, einer zu sein, der gemocht, akzeptiert und respektiert wird, ohne Rücksicht darauf, wie es tief in mir wirklich aussah. In jener Zeit wünschte ich mir nichts mehr, als den Klischees und dem Schubladendenken anderer Menschen, worin ich mich gefangen sah, zu entfliehen.

Also zerriss ich mich förmlich und entwickelte mich zu einer Art Rundum-Kümmerer für andere Menschen. Als einfacher Soldat wurde ich zum Vertrauensmann gewählt, zum Sprecher der Mannschaften gegenüber den Vorgesetzten. Als Fahnenjunker wollte ich der Unteroffizier sein, der das beste Verhältnis mit seinen Männern hatte. Mir war sehr wichtig, was andere von mir dachten, und es war mir egal, dass meine innersten Wünsche und meine wahren Gefühle dabei auf der Strecke blieben.

Ich ahnte, dass mein Zugführer mit seinem Vorwurf den Finger in eine große Wunde gelegt hatte. An diesem »Samariterkomplex«, wie er es nannte, da war schon was dran. Doch das konnte und wollte ich mir noch nicht so ganz eingestehen. Etwas in mir aber sagte schon damals:

»Du willst als Walter beliebt sein und dieses elende Sohn-vom-Kohl-Thema endlich loswerden. Deshalb fühlst du dich für alles verantwortlich und rennst als Kümmerer durch die Landschaft, sammelst verkrampft Sympathiepunkte. Sei aber mal ehrlich zu dir selbst. Sei du selbst und hör auf, anderen gefallen zu wollen. Habe etwas mehr Mut, der zu werden, der du wirklich sein willst.«

So schwankte ich hin und her zwischen Zorn und Empörung einerseits und einem ehrlichen Blick in den Spiegel andererseits. Doch der Zorn siegte, und ich mochte mir nicht eingestehen, dass das Leben selbst mir einen Wink mit dem Zaunpfahl gegeben hatte. Schließlich redete ich mir auch noch entschlossen ein, dass die Kommentare meines Zugführers Blödsinn seien. Wie sollte es auch anders sein, ich meinte es ja nur gut. Und überhaupt – hatte ich es nötig, mir so etwas sagen zu lassen?

Ich fürchte, jener Streit über eine simple Disziplinarmaßnahme war nicht das erste Mal, dass ich einen derart wertvollen Hinweis erhielt. Es war aber das erste Mal, dass ich ihn auch wahrnahm. Ich begann darüber nachzudenken, ob mir das Wohl anderer Menschen nicht vielleicht doch wichtiger war als mein eigenes. Um aber den daraus eigentlich folgenden Konsequenzen aus dem Weg gehen zu können, musste ich diese Botschaft des Lebens an mich *bewusst* ignorieren, das heißt, ich habe auch noch aktiv an meiner eigenen Ignoranz mitgearbeitet.

Da musste es wohl so kommen, dass ich immer tauber und blinder gegenüber allen Hinweisen und Warnungen dieser Art wurde. Ich verrannte mich zunehmend. Sich dauernd neu beweisen zu müssen vergrößert die Selbstzweifel und verringert ein ohnehin schwächelndes Selbstwertgefühl. All die konfliktbeladenen, unbearbeiteten Themen, die ich aus meiner Herkunftsfamilie mitgebracht hatte, behielten mich weiterhin fest im Griff. Ich verlor mein Selbstvertrauen fast gänzlich und zog mich zurück in kleine, private Refugien, wo ich mich in Sicherheit wähnte. Oder ich trat die Flucht nach vorn an – üblicherweise durch Aggression und Lautstärke. Das Ergebnis dieses fatalen Teufelskreises: Ich wurde immer mehr gelebt, anstatt endlich zu beginnen, selbst zu leben.

Um schließlich die Ausfahrt aus meinem inneren Teufelskreis zu finden, bedurfte es einer handfesten existenziellen Krise. Es sollte allerdings noch fast 20 Jahre dauern, bis sie mich ereilte. Aber ist es nicht erstaunlich, mit welcher Präzision das Leben uns just dort in die Knie zwingt, wo wir nach langer Suche endlich jene Nuggets finden, die unseren zukünftigen inneren Reichtum ausmachen? Sofern wir sie dort liegen sehen – zwar unmittelbar in Reichweite, aber meistens noch staubbedeckt und nicht immer leicht zu erkennen!

Was man gern Ironie des Schicksals nennt, ist möglicherweise nichts anderes als die Intelligenz des Lebens selbst, die unser tumbes Bewusstsein wachzurütteln versucht. Als Ironie des Schicksals erschien es mir damals, dass mein großes »Aha-Erlebnis«, durch das für mich endlich alles anders und besser zu werden begann, genau dort seinen Ausgang nahm, wo der wundeste Punkt meiner Vita liegt: an der Schnittstelle zwischen öffentlichem und privatem Leben, in die ich, ob ich will oder nicht, hineingeboren wurde. Damit zu leben – und es nicht ausschließlich als Hypothek zu empfinden – wurde für mich erst möglich, als die Hindernisse, die für mich davon stets ausgingen, sich schier unüberwindbar vor mir aufzutürmen schienen.

Die CDU-Parteispendenaffäre mit der öffentlichen Stigmatisierung unserer gesamten Familie hatte uns alle über eine lange und quälende Zeit am Rand der nervlichen Belastbarkeit festgenagelt, nicht selten sogar darüber hinausgetrieben. Wenn die chronische Krankheit meiner Mutter schon als mediales Thema »interessant« gewesen war, so brachen nach ihrem Freitod im Sommer 2001 alle Dämme von Pietät und Anstand, die unter normalen Umständen den Hinterbliebenen garantieren, ihre Trauerarbeit in Frieden zu verrichten. Ich habe diese Dinge bereits in meinem ersten Buch beschrieben und will sie hier nicht erneut ausbreiten. Es geht mir nur darum, festzustellen, dass vor allem jene Prüfungen, die uns endgültig zu überwältigen drohen, den Keim innerer Heilung in sich bergen können. Und dass das Beste, was wir haben, nämlich das, was uns wieder aufrichtet, was uns nach vorn blicken und auf einem neuen Weg ausschreiten lässt, immer schon direkt und unmittelbar bei uns gewesen ist.

Aber, wie gesagt, es sollte etwas dauern, bis ich diese Erkenntnisse endgültig an mich heranließ. Etwa ein Jahr, nachdem meine Mutter gegangen war, wurde mein Schmerz aufgrund der vielen ungelösten Widersprüche in mir schließlich unerträglich, und ich sah mich vor einer ultimativen Wahl: entweder den gleichen Weg zu gehen wie sie – oder mich meinem eigenen Dilemma in aller Konsequenz zu stellen und neue Wege für mich selbst zu finden. Was letztere Möglichkeit anging, wusste ich nicht, was tun. Ich konnte nur warten. Und mich bemühen, die Augen weit offen zu halten, um endlich die Botschaften des Lebens an mich zu erkennen und ihnen zu folgen – wenn dieses Leben so großzügig sein wollte, mir nochmals welche zu erteilen. Parallel dazu plante ich meinen Selbstmord in Form eines inszenierten Tauchunfalls. An dem Tag, als alle Vorbereitungen erledigt waren, als nur noch eine bestimmte Tauchsafari ans Rote Meer gebucht werden musste, um den letzten Schritt zu vollziehen, rangen tief widersprüchliche Gefühle in mir miteinander. Einerseits war ich erleichtert, dass ich nun jederzeit den Schlussstrich ziehen konnte, aber andererseits war ich völlig verwirrt. War es das jetzt also – oder gab es doch eine Chance auf ein lebenswertes Leben für mich?

»Gott schreibt gerade, auch auf krummen Zeilen«, lautete eine Lebensweisheit meiner Mutter. Und mitten in dieser schweren Zeit, an einem sonnigen Tag im Sommer 2002, erhielt ich ein solches »Schreiben«. Es war während des katastrophalen Elbhochwassers, das so viele Menschen in Not brachte. Zusammen mit meinem kleinen Sohn sah ich im Fernsehen die furchtbaren und berührenden Bilder: zerstörte Häuser in brackigen, schmutzig-braunen Fluten, aufgedunsene Tierkadaver, Autowracks, geradezu apokalyptische Szenen. Mein Sohn verfolgte die Reportage entsetzt, mit weit aufgerissenen Augen. Schließlich fragte er mich tief besorgt, ob so etwas auch bei uns passieren könnte.

Ich erklärte ihm, dass unser Haus sich auf einem Hügel befände und schon deshalb keine Gefahr bestünde, egal wie viel Wasser vom Himmel herunterkäme. Ängstlich schaute er mich an, voller Zweifel und Sorge. In diesem Moment übernahm mein Herz und ließ mich, ehe ich überdenken konnte, was ich antworten sollte, etwas sagen, das mein Leben veränderte:

»Du musst dir keine Sorgen machen, dein Papa ist immer für dich da.«

Er schenkte mir sofort ein strahlendes Kinderlächeln voller Liebe und Vertrauen. In dieser Sekunde wusste ich, dass ich nicht gehen würde, weil das Leben für mich doch noch eine Aufgabe bereithielt.

Vergangenheit, Gegenwart und Zukunft

Einfach vergessen!
Abhaken!
Mund abputzen – und weitermachen!
Vorbei ist vorbei.
Zeit heilt alle Wunden.

Mit Schlagworten wie diesen versuchen wir uns einzureden, dass seelischer Schmerz quasi »verstoffwechselt« werden kann. Als ob er eine Halbwertszeit hätte, wie eine Substanz, die nach einer naturgegebenen Gesetzmäßigkeit irgendwann rückstandslos abgebaut ist. Doch unser psychischer Haushalt funktioniert nach seinen eigenen Gesetzmäßigkeiten. Zeit heilt eben nicht alle Wunden. Und alter seelischer Schmerz kann, besonders wenn er sehr tief sitzt, immer nur auf derselben Ebene aufgelöst werden, wo er auch zugefügt wurde.

Indem wir meinen, durch Aussitzen und Aushalten Druck aus dem Kessel zu nehmen, verschlimmern wir das Ganze eher noch. Ohne dass wir den Kern des Problems erreichen, indem wir uns der eigentlichen Ursache zuwenden, bringen all unsere Bemühungen nichts. Schon gar nicht das Wegschauen. Mit dem Ausweichen ist es wie bei einem prall mit Luft gefüllten Ball, der unter Wasser gedrückt wird. Sobald man in der Anstrengung nachlässt, gelangt er wieder an die Oberfläche. Und je mehr Kraft angesetzt wurde, um ihn hinunterzudrücken, umso wuchtiger springt er danach wieder in die Höhe. Die Wiederkehr des Verdrängten ist unvermeidlich, und je mehr wir hinunterschlucken, umso stärker gärt es im Verborgenen weiter. Mit der Zeit entwickelt etwas, das noch als verkraftbares Problem begann, eine solche Dynamik, dass es unser ganzes Leben ruinieren kann. Die Hoffnung, dass seelische Probleme sich mit der Zeit wie durch einen natürlichen Zersetzungsprozess auflösen könnten, ist trügerisch. Und auf jene Probleme, die zu unbewussten Lebensthemen werden, weil wir uns ihnen nie bewusst zuwenden, trifft gar die volkstümliche Redewendung zu, dass wir sie »mit ins Grab nehmen«.

Wohlgemerkt: Ich spreche hier nicht von Problemchen und Wehwehchen, sondern von großen unbearbeiteten Lebensthemen, den Wackersteinen in unserem biografischen Rucksack. Und da lehrt die Erfahrung: Aufschieben hilft nicht und Verdrängen schon gar nicht. Man mag sich damit kurzfristig Erleichterung und im besten Falle vorübergehend einen gewissen Handlungsspielraum verschaffen. Ja, es kann in Situationen schweren Drucks sogar dazu verhelfen, wenigstens die eigene Handlungsfähigkeit zu wahren. Sobald wir aber unser Gedeihen unter dem Gesichtspunkt der Nachhaltigkeit zu sehen lernen, erkennen wir, dass ein Weg- oder Unterdrücken unserer Gefühle – auch von Angst, Scham und Widerwillen – nicht die Lösung sein kann. Es geht nicht anders, als dass dieser Prozess in großer, bisweilen schmerzhafter Klarheit erfolgt. Klarheit kommt nicht zum Nulltarif, Klarheit geht in der Regel einher mit dem Durchbrechen alter Denk- und Gefühlsmuster. Klarheit zu erlangen verlangt häufig auch die Abkehr von lieb gewonnenen Ritualen des eigenen Opferlands und des Selbstmitleids. Klarheit kann auch eine gewisse Härte gegenüber sich selbst erfordern.

Eine besonders schmerzhafte Form der Klarheit ist, wenn man realisiert, dass die Gemeinschaft mit bestimmten Menschen Teil des Problems, Teil des eigenen Opferlands ist. Besonders schmerzlich ist dies, wenn es sich dabei um Ehepartner, Familienangehörige oder enge Freunde handelt. So musste ich lange suchen und mit mir ringen, bis ich meine innere Klarheit gegenüber meinen Eltern fand.

Die Systemische Therapie hat uns gezeigt, dass gewisse problematische Konstellationen in unserem Innern sehr tief reichen und so hartnäckig sind, dass wir sie unweigerlich auf unsere Kinder übertragen, wenn sie unbearbeitet bleiben. Ja, unerlöster seelischer Schmerz kann zu einer Art »Familienkrankheit« werden – er überdauert buchstäblich Generationen. Sich um die Heilung – und Kultivierung – seines eigenen Gefühlslebens zu kümmern ist somit alles andere als Luxus oder gar eine Form von Egoismus, wie bisweilen Menschen vorgeworfen wird, die sich selbst die entsprechende Fürsorge schenken. Nein, es ist bitter notwendig in einer Zeit, da der Schwerpunkt der Aufmerksamkeit sich immer weiter auf äußere Errungenschaften und Statussymbole zu verlagern scheint. Notwendig nicht nur für uns selbst, sondern auch für unser persönliches Umfeld, nicht zuletzt für unsere Kinder, denen wir diese Welt einmal anvertrauen wollen.

Unser Herz verlangt nach Klärung und innerem Frieden, um glücklich zu sein. Unser Gefühlsleben ist ein lebendiges System, voller Energie und Kreativität, aber auch anfällig für Verwundung. Zeit kann hilfreich sein, da sie inneren Abstand von bestimmten Erfahrungen schafft. Aber sie allein gibt keine Antworten, ermöglicht höchstens eine Druckminderung. Gleichwohl brauchen wir Zeit, um die heilende Kraft in uns zu wecken. Die Dinge richten sich nicht nur nicht von allein, sie wollen auch lange genug bearbeitet werden, damit sich unser Leben zum Positiven wenden kann. Um in der richtigen Weise selbst aktiv zu werden, um das Leben in die eigene Hand zu nehmen, sollten wir uns auch ausreichend mit der Natur der Zeit und ihrem Einfluss auf unseren Lebensweg beschäftigen.

Dieser verläuft auf einer Zeitachse, die mit der Geburt beginnt und mit dem Tod endet: eine Binse, die es in sich hat – psychologisch betrachtet. Denn es handelt sich tatsächlich um eine Art Lebensachse, die Vergangenheit, Gegenwart und Zukunft in jedem einzelnen Moment in einem komplexen Tanz in Bewegung versetzt. Eine Skulptur der Wuppertaler Künstlerin Christiane Püttmann, die auf Schloss Burg in Solingen ausgestellt ist, illustriert diese Dynamik einleuchtend. Das öffentliche Kunstwerk gibt jeder der drei Zeitzonen unseres Lebens in ihrer unauflöslichen Verbindung miteinander buchstäblich ein Gesicht.

Foto: Lothar Schulz

In der Mitte des Bildes befindet sich die Gegenwart. Sie scheint eingeengt, eingequetscht geradezu zwischen Vergangenheit und Zukunft, die sie von vorn und hinten her bedrängen. Das Antlitz der Gegenwart ist teilweise verdeckt, und es dürfte kein Zufall sein, dass einem der Augen vollständig die Sicht genommen wird, und zwar durch die Vergangenheit: So stark kann deren Druck auf der Gegenwart lasten, dass der Mensch »auf einem Auge blind« ist. So richtet sich der Blick aus dem freien Auge auch in Richtung Vergangenheit. Immerhin, der Anflug eines Lächelns scheint die Lippen der Gegenwart zu umspielen, doch erscheint es etwas bemüht, fast gequält. Mehr als Tapferkeit und Stehvermögen scheint diese Gegenwart nicht aufbieten zu können, um in ihrer bedrängten Lage zu bestehen.

Indem der Hinterkopf, also die gedankliche Prägung aus der Vergangenheit, sich in geradezu brutaler Weise in die Sicht(weise) der Gegenwart schiebt, nimmt jene symbolisch eine dominante Position über diese ein. Das entspricht unserer alltäglichen Erfahrung, denn wer kann schon sagen, dass er sich selbst aus der Überschattung durch seine persönliche Vergangenheit ganz befreit hätte? Die Vergangenheit ist jene Zeitzone, die eine ganz besondere Macht über unser Lebensgefühl ausübt. In der Erinnerung haben wir all unsere Erfahrungen, einschließlich der uns zur Verfügung stehenden persönlichen Palette an Gefühlen, Deutungsmustern und Einstellungen gespeichert. Unser gesamtes Lebenswissen, unsere Glaubensstrukturen, beruhend auf allem, was uns beigebracht wurde und was wir uns selbst angeeignet haben, rührt von daher. Unsere persönliche Geschichte ist gleichsam die Festplatte unserer Existenz, das macht sie so wichtig. Sie bildet aber nicht nur unser persönliches Archiv, sondern gleichsam auch den Magnetpol für unseren Lebenskompass. Sie wird somit zum Wertvollsten, über das wir frei verfügen können – beziehungsweise könnten. Auch die Zukunft berührt die Gegenwart, doch wie leicht erkennbar wird, in eher indirekter Weise. Indem sie beide am Hinterkopf, außerhalb des Gesichtskreises, miteinander verbunden sind, scheinen sie gegenseitig ein wenig auf Distanz zu gehen. Auch das entspricht den realen Gegebenheiten unseres Daseins: Wir können ja nicht in die Zukunft sehen, sosehr wir uns dies auch wünschen mögen. Und wenn unsere Erwartungen an das Leben nicht bloßes Wunschdenken bleiben sollen, dann muss unsere Vorstellung von dem, was uns erwartet, »vom Kopf her« kommen, das heißt der Realität angepasst sein.

Durch die Formensprache dieses Kunstwerks wird etwas deutlich, das wir alle im Grunde als gesichertes Wissen betrachten könnten, leider aber immer wieder ignorieren: Vergangenheit, Gegenwart und Zukunft sind keine voneinander getrennten Zonen unseres Daseins – ganz im Gegenteil, sie sind untrennbar miteinander verknüpft und in jedem Moment unauflöslich aufeinander bezogen. Zusammen bilden sie das Amalgam unseres Lebensgefühls, das immer aus verschiedenen Komponenten besteht, die sich in der Ambivalenz unserer momentanen subjektiven Erfahrung widerspiegeln. Denn jedes Gefühl hat sein Spiegelgefühl: Zum Empfinden von Glück, Freude und Kraft treten Unzufriedenheit, Leid und Schwäche als entgegengesetzte Pole, ohne die beides nicht so zu empfinden wäre, wie es für uns der Fall ist. Erst durch die Helligkeit wissen wir um die Dunkelheit, erst durch das Große verstehen wir das Kleine – und umgekehrt.

Diese Erkenntnis erhellt im Besonderen das Verhältnis zwischen Vergangenheit und Gegenwart. Das Gute und zugleich auch das Schwierige an unserer Vergangenheit ist, dass sie uns nie verlässt. Ob wir es wollen oder nicht: Wir nehmen die Vergangenheit mit allen von ihr eingebrachten Gefühlen, Erinnerungen, Erfahrungen, Meinungen, Überzeugungen und Glaubenssätzen stets mit, wohin auch immer wir gehen. Egal ob wir an unserem bisherigen Lebensort bleiben oder ans entfernteste Ende der Welt auswandern, egal ob wir in selbst errichtete innere Welten fliehen – unsere Vergangenheit (ver)folgt uns wie ein Schatten. Sie ist ein Teil unserer Persönlichkeit, sie ist unser ständiger Begleiter. Immer wieder müssen wir erfahren: Vor der eigenen Vergangenheit kann niemand davonlaufen.

Im Gegenteil. Je mehr wir versuchen, der Vergangenheit zu entfliehen, desto mehr Kraft bindet diese Flucht, desto weniger Energie bleibt für Gegenwart und Zukunft, desto weniger erreichen wir im Leben. Wer von seiner Vergangenheit beherrscht wird, *der wird auch von ihr gelebt*. Diesen Menschen hat die Vergangenheit voll im Griff. Seine Verhaltensmuster, Ansichten und Entscheidungen sind eine einzige Fortschreibung seiner ungeklärten Vergangenheit. Auch der alte Schmerz kehrt in neuen Erfahrungen und Gesichtern immer wieder zurück.

Wenn wir also wahrhaft leben und unser Dasein aktiv gestalten wollen, sind wir aufgerufen, unsere Vergangenheit anzunehmen und mit ihr so weit ins Reine zu kommen, dass sie uns zur Kraftquelle wird, statt ein permanenter Kraftfresser zu sein, der uns auslaugt und festhält.

* * *

In der Zeit des deutschen Linksterrorismus in den 1970er-Jahren wurde ich von den Sicherheitsbehörden als »Schutzperson« eingestuft. Anders ausgedrückt: Ich galt als potenzielle »Zielperson« der gegnerischen Seite, und zwar bereits im Alter von zwölf Jahren. Anfang der 1980er-Jahre hatte sich die Sicherheitslage endlich etwas entspannt. Jetzt, als Oberstufenschüler, konnte ich ein Maß an Freiheit erleben, das ich so bisher nicht gekannt hatte. Durch meinen Vespa-Roller wurde ich mobil, und die neu gewonnene Freiheit erlaubte es mir endlich, einen Freundeskreis aufzubauen, den wir die »Mannschaft« nannten.

An einem heißen Sommerabend saßen wir im Garten meines Elternhauses in Oggersheim und genossen die kühle Frische des Schwimmbeckens. Einer meiner Freunde hatte eine tragbare Grillschale mitgebracht. Darin brutzelten jetzt Würstchen und Steaks. Ich selbst hatte meine Spezialität, Tomatensalat, zubereitet. Laut Plan würde Mutter außer Reichweite sein. Die Abwesenheit elterlicher Aufsicht steigerte unser Wohlbefinden drastisch – zumal somit aus Vaters Weinkeller auch einige Flaschen »ausgeliehen« werden konnten. Eine willkommene Abrundung des Geschmacks der Freiheit! Die Stimmung war einfach spitze, zotige Witze flogen durch die Luft – ja, so könnte das Leben unter uns Jungs eigentlich immer sein ...

Doch, o Schreck! Plötzlich und überraschend stand Mutter in der weit geöffneten Schiebetür zwischen Wohnzimmer und Terrasse. Nein!!! Sie war viel früher zurückgekommen, als gedacht ... Und sie musste da schon ein paar Sekunden gestanden haben, bevor wir sie gewahrten. Es war, als ob der Blitz einschlug. Dabei sagte sie kein Wort. Sie bewegte sich auch nicht. Fixierte nur mit einem ganz ungewöhnlichen Blick, den ich vorher nie bei ihr gesehen hatte, das kleine Feuer in der Grillschale. Ein banger Moment ... die Spannung war mit Händen zu greifen. Alle Blicke meiner Freunde richteten sich auf mich. Was nun? Ich schaute abwechselnd zu Boden und auf meine Mutter, vermochte ihren Anblick fast nicht zu ertragen. Das hier war nicht einfach der Einbruch elterlicher Aufsicht in unser Jugendlichenidyll. Es war menschgewordene Naturgewalt, und keine, vor der man nicht am liebsten ganz, ganz weit weggelaufen wäre.

Mutter blickte noch immer unverwandt in das Feuer. Nahm sie uns überhaupt wahr? Ihr Auge wurde immer starrer, es schien, als ob sie 1000 Kilometer entfernt sei. Dann holte sie tief Luft und schrie mit einer schrillen, panischen Stimme, die mir ebenso unbekannt war wie ihr Blick:

»Kein Feuer in meinem Haus – niemals!«

Ihr Schrei gellte durch die Stille des friedlichen Sommerabends. Wir waren geschockt, sprachlos. Und hatten absolut keine Ahnung, was auf einmal passiert war. Ein herbes Donnerwetter wegen unserer Eigenmächtigkeit, ja gut – aber das hier?!? Das war wie ein Blitzeinschlag, wenn nicht ein Erdbeben.

Nachdem meine Mutter diesen einzigen Satz herausgeschrien hatte, drehte sie sich abrupt um, knallte die nächste Türe zu und verschwand irgendwo im Haus. Ich stand wie angewurzelt, wusste zunächst nicht, was ich machen sollte. Wir schauten uns gegenseitig hilflos an. Mein erster Impuls war Ärger, denn ich war überzeugt, dass wir nichts Schlimmes getan hatten. Doch dann breitete sich in mir ein mulmiges Gefühl aus, denn so hatte ich meine Mutter noch nie erlebt. Ich wurde unsicher und fragte mich, was eigentlich soeben passiert war.

Schließlich lief ich los und folgte ihr ins Haus. Doch ich konnte sie zunächst nicht finden! Ich rief nach ihr und erhielt keine Antwort. Systematisch durchsuchte ich alle Räume und fand sie schließlich im Elternschlafzimmer, an der entferntesten Stelle des Hauses. Dort saß sie auf der Bettkante und weinte hemmungslos. Zögernd und unsicher trat ich ein, setzte mich neben sie und schaute sie fragend und reumütig an. Ich wusste nicht, was ich ihr so Schlimmes getan hatte, war aber doch tief betroffen von ihrer Reaktion und hatte ein sehr schlechtes Gewissen. Ich glaube, sie bemerkte erst nach einer Weile, dass ich neben ihr saß. Sie schaute mich aus ihren verweinten Augen wie bittend an. Aber ich verstand immer noch nicht. Wir hatten schließlich nur ein kleines, unerlaubtes Grillfest gefeiert und wollten sie nicht ärgern, geschweige denn so aufwühlen. Ich stammelte unbeholfen eine Entschuldigung.

Mit einer energischen Handbewegung schnitt sie mir das Wort ab. Stille. Dann blickte sie mir ganz fest in die Augen und wiederholte mit leiser, aber sehr bestimmter Stimme:

»Kein Feuer in meinem Haus – niemals!«

Ich war ratlos.

Und dann fing sie an zu reden. Erst langsam, fast tonlos, danach immer schneller und mit bewegter Stimme. Weniger zu mir, wie mir schien, sondern mehr zu sich selbst.

»Ich habe dir doch vom Krieg erzählt.«
Still nickte ich bejahend.
»Von den Luftangriffen auf Leipzig, den Nächten im Bunker. Und wenn wir rauskamen, dann brannte alles. Am schlimmsten waren die Brandbomben, Phosphor. Das brennt überall, das kann man nicht löschen. Es brennt auf Sand, auf Steinen, auf Menschenfleisch, überall. Und dann die verbrannten Menschen, die geschrumpft in den Ruinen und auf der Straße liegen. Überall Feuer, nur Feuer, wohin du auch schaust.«
Mich durchzuckte es wie ein Stromschlag. Natürlich hatte sie uns Kindern immer wieder davon erzählt. Wir wussten, dass diese Bombennächte der Horror ihrer Kindheit waren, aber ich hatte offenbar nichts verstanden, nichts. Ich schämte mich für meine Ignoranz und wollte sie in den Arm nehmen. Doch sie rutschte weg von mir, noch war sie viel zu weit draußen in diesem Meer schmerzvoller Erinnerungen. Ich spürte: Da saß jetzt nicht meine fürsorgliche Mutter neben mir, sondern ein zutiefst verletzter und traumatisierter Mensch, jemand, den ich so gar nicht kannte. Ich fühlte mich total hilflos und überfordert. Was sollte ich jetzt tun? Die Situation war einfach nur schrecklich. Schließlich stand ich auf.
»Mama, ich komme gleich wieder.«
Schnell war ich zurück im Garten, wo meine Freunde noch ratlos um den Grill herumstanden. Unser Fest war natürlich im Eimer, aber das interessierte mich in diesem Moment überhaupt nicht.
»Okay, Leute, unser Fest ist vorbei. Lasst uns zusammenpacken.«
Meine Freunde schauten mich an, und einer fragte:
»Hast du jetzt argen Stress?«
»Nein, ich habe keinen Stress, es ist nur, dass der Krieg wieder zurückgekommen ist, die Bombennächte und alles.«

Betroffen schauten meine Freunde mich an. Sie kannten meine Mutter als eine resolute, auch mal strenge Frau, aber eben auch als eine Person, die gern feierte und für einen Spaß zu haben war. Alle verstanden, und wir packten wortlos zusammen. Die Grillschale wurde mit Wasser aus dem Gartenschlauch gelöscht und die nassen Kohlen in einer Ecke des Gartens entsorgt. Nach wenigen Minuten war alles aufgeräumt, und meine Kumpels verabschiedeten sich. Morgen würden wir uns in der Schule wiedersehen.

Als ich die Haustür hinter ihnen geschlossen hatte, ging ich wieder zu meiner Mutter. Sie saß noch immer auf dem Bett. Ich nahm ihre Hand.

»Mama, es gibt kein Feuer in deinem Haus, nirgendwo. Alles Feuer ist weg.«

Sie schaute mich dankbar an, und auch diesen Blick werde ich nie vergessen. Sie zog mich neben sich auf die Bettkante.

»Ich kann nichts dafür, Walter« sagte sie mit leiser Stimme.

»Mama, bitte ...«

Doch sie schnitt mir wieder mit dieser für sie typischen Handbewegung das Wort ab.

»Ich kann nichts dafür, es war so schrecklich.«

Ich saß nur wenige Zentimeter neben ihr. Mich fröstelte. Ich konnte ihren Schmerz spüren, und es schien mir, als ob ich gerade in einen Höllenschlund geblickt hätte. Wie ein Blitz aus heiterem Himmel waren die Ereignisse von vor 40 Jahren wieder in unser Haus eingeschlagen. Es war ein seltsamer und seltener Moment, wir saßen zusammen an einem Ort, an dem sich zwei weit auseinanderliegende Zeitzonen plötzlich unangemeldet überschnitten: ein unbeschwerter, friedlicher Sommerabend der 1980er-Jahre und der Horror der Bombennächte des Zweiten Weltkriegs.

Wir saßen noch eine Weile zusammen. Schließlich stand sie

auf und ging ins Bad, um ihr verweintes Make-up zu richten. Ich folgte ihr und sagte:

»Mama, es tut mir leid. Du hast uns vom Krieg erzählt, doch ich hatte nichts begriffen. Ich verspreche dir, es wird nie wieder ein Feuer in deinem Haus geben. Es tut mir sehr leid, dass ich das gemacht hatte. Ich wollte dir nicht wehtun, bitte glaub mir das.«

Sie schaute mich über den Spiegel an und sagte nur:

»Ich weiß, aber es tut trotzdem weh. Und jetzt lass mich bitte allein.«

* * *

Seelischer Schmerz, der nicht bearbeitet und aufgelöst werden kann, ähnelt einer tief sitzenden Entzündung. Selbst wenn wir den »Herd« nicht sehen können, weil wir die zugrunde liegende Verletzung vergessen zu haben scheinen, fühlen wir doch, dass da etwas ist. Es nistet sich in unserem Inneren ein, kapselt sich ab und beginnt sein Eigenleben zu führen. Verdrängter seelischer Schmerz vergeht nicht von selbst. Er verlangt nach Bearbeitung und Lösung. Letztlich ist seelischer Schmerz ein Appell an uns, aktiv zu werden, etwas zu tun, unsere Sicht auf das Leben zu ändern und uns weiterzuentwickeln. Er ist ein Wink mit dem Zaunpfahl, unser Leben beherzt in die eigene Hand zu nehmen – was auch bedeuten kann, nach Hilfe zu suchen. Denn wo Schmerz ist, sind wir unvollkommen, hilfebedürftig.

Als Mensch, der nie den Krieg erlebt hat, kann ich natürlich nicht die Gefühle derer nachempfinden, die durch das Feuer der Bomben und Granaten gegangen sind. Wie schwer muss es für sie sein, der Aufforderung zu innerer Arbeit am erlittenen Trauma, zur Versöhnung mit der eigenen Vergangenheit nachzukommen! Wenn es sich gar um eine ganze Generation handelt, deren stärkste emotionale Gemeinsamkeit in der Erfahrung des Krieges besteht, dann wirken die Bindungskräfte der unglücklichen Vergangenheit umso stärker. Wie viele aus der Generation meiner Eltern vermochten sie nie abzuschütteln! Was uns allen bleibt, ist die Aufgabe der Versöhnung – für die Völker ebenso wie für jeden einzelnen Menschen. Versöhnung ist und bleibt lebenslange Herausforderung, ein fragiles Aufgabengeflecht, dem sich jeder Mensch stellen muss, und das umso intensiver, wenn er selbst den Krieg erleben musste. Krieg schädigt alle Seelen, und sich von dem Schrecken des Krieges zu befreien ist für alle gleich schwierig – egal, auf welcher Seite sie im Kampfe standen, egal welches Leben sie danach führen und welche Position sie bekleiden.

✳ ✳ ✳

Es war im Februar 1990. Meine Eltern besuchten auf einer amtlichen Reise Washington. Damals lebte und arbeitete ich in New York, keine 400 Kilometer entfernt. Deshalb verabredeten wir uns für einen Abend in ihrem Hotel in der US-Hauptstadt. Zu meiner Überraschung wurde ich zu dem anschließenden Besuch meiner Eltern in Camp David, dem Landsitz des US-Präsidenten, mit eingeladen. Dort waren für das Wochenende weitere politische Gespräche in einer privateren Atmosphäre angesetzt. Ich sagte mit Freuden zu und dachte bei mir: »Manchmal ist es auch schön, der ›Sohn vom Kohl‹ zu sein.«

Es ergab sich so, dass ich den Gastgeber, George Bush senior, von einer ungewöhnlich privaten Seite her kennenlernen durfte. Schon der erste Eindruck nahm ihn für mich ein. Ein sympathischer Mann, sehr gelassen, fast locker im Umgang.

Ein Mensch ohne Dünkel, der in keiner Weise sein Amt und seine Macht vor sich hertrug. Als politischer Vollprofi beherrschte er selbstverständlich die Klaviatur der Macht, und doch überraschte es mich, wie er sich selbst und anderen mit einem angenehmen Humor begegnete. Und wie ich bald erfahren sollte, ist er auch ein Mensch, der seine Seele zulassen, der sich einer persönlichen Begegnung spontan öffnen kann: etwas, das ich nur sehr selten in der Arbeitswelt meines Vaters kennenlernte.

Ich weiß nicht mehr, was der eigentliche Anlass war, jedenfalls ließ er es sich nicht nehmen, mich in ein Zimmer zu führen, das seine ganz persönliche Handschrift trug. Da gab es eine große Glasvitrine. In ihr befanden sich, teilweise am Boden aufgereiht, teils an dünnen Fäden aufgehängt, etwa ein Dutzend Flugzeugmodelle. Maßstabsgetreue Nachbildungen von Kampfflugzeugen aus dem Zweiten Weltkrieg, um genau zu sein. Sie waren nicht besonders groß, vielleicht je 20 bis 30 Zentimeter. Ich erkannte die Hoheitsabzeichen der USA und Japans. George Bush war selbst als Kampfpilot für die US Navy im Pazifikkrieg geflogen, das wusste ich aus der Presse.

Wir standen an der Vitrine, ganz allein. Und dann begann er mir in aller Ruhe seine schlimmste Erfahrung als Soldat zu erzählen. Er sprach ganz offen. Während eines Einsatzes über einer japanisch besetzten Insel war sein Flugzeug getroffen worden. Vor dem Start, beim Briefing, so erzählte er mir, war den Piloten eingeschärft worden, im Falle eines Abschusses auf keinen Fall mit dem Fallschirm über der Insel abzuspringen. Der japanische Kommandant war berüchtigt für seine Grausamkeit und würde keine Gefangenen machen.

Nachdem seine Maschine schwer getroffen worden war, wendete er also und nahm Kurs auf die offene See. Nach ein paar Meilen jedoch war Schluss. Er musste mit dem Fallschirm abspringen, was ein sehr riskantes Manöver war. Aber er überlebte, anders als seine beiden Kameraden, die mit ihm im selben Flugzeug aufgestiegen waren. Von ihnen hörte er nie wieder etwas.

Im Wasser, glücklicherweise nicht allzu weit weg, trieb sein Gummirettungsboot. Er konnte es mit viel Mühe schwimmend erreichen. Und so schwamm er in seiner winzigen Nussschale, am Körper die leuchtfarbene Schwimmweste, ein ausgezeichnetes Ziel für feindliche Jäger bildend, auf dem Meer dahin. Was war jetzt die größte Bedrohung: von den Japanern als Zielscheibe erkannt und benutzt zu werden? Im tropischen Klima in einem Meer voller Salzwasser zu verdursten? Oder von Haifischen gefressen zu werden?

Schlimmer noch, so berichtete er mir mit fast monotoner Stimme, er geriet in eine Strömung, die ihn in Richtung der japanisch besetzten Insel trieb. Mit aller Kraft versuchte er, mit den Händen paddelnd, von dort wegzukommen. Bloß hinaus aufs offene Meer! Er schämte sich nicht, mir zu bekennen, dass er eine panische Angst empfunden hatte. Nein, er habe sich nicht als Held gefühlt, er hatte mit dem Leben abgeschlossen. Und doch trieb er sich voran, weiter und weiter aufs Meer hinaus, ohne zu wissen, was ihn dort erwarten würde.

Er berichtete all dies mit fast protokollarischer Nüchternheit, in einer Art und Weise, wie ihn die ganze Welt kannte: als jemand, dem der Inhalt stets wichtiger zu sein schien, als die Kunst des Redens. Jetzt sprach er zu mir über etwas, das selbst nach Jahrzehnten noch als große Last auf seinen Schultern lag. Ohne jedes Drama, mit einer natürlichen Ehrlichkeit, ganz einfach so – von Mensch zu Mensch. Da stand er vor mir, der mächtigste Mann der Welt, den Blick in die endlose Ferne der Erinnerung gerichtet.

Gebannt vollzog ich nach, wie endlos ihm das Warten in

seiner schier hoffnungslosen Lage erschienen sein musste. Nach einigen Stunden flogen US-Kampflugzeuge über ihn hinweg und wackelten mit den Tragflächen. Sie hatten ihn entdeckt. Schließlich tauchte ein amerikanisches U-Boot auf, das ihn aufnahm.

Ein langer, offener Blick in mein Gesicht setzte den Schlusspunkt hinter seinen Bericht. Ich fühlte mich sehr geehrt, dass ein solcher Mann sich so viel Zeit für mich nahm. Und dass er sich mir gegenüber öffnete. Hier stand jemand vor mir, der sich trotz seiner unvergleichlichen Machtfülle nicht scheute, über seine eigene Angst zu sprechen. Das imponierte mir sehr und berührte mich tief. Ich dankte ihm für seine Worte. Aber er hatte noch mehr zu sagen: Er habe gehört, ich sei Reserveoffizier der Bundeswehr. Ich bestätigte ihm dies, und er quittierte es mit bedächtigem Nicken. Dann sagte er etwas für mich völlig Unerwartetes, auf einmal mit belegter Stimme und feuchten Augen:

»I am telling you this, so that you know about war. Don't ever go to war, Walter.«

* * *

Ich habe oft an diese Worte denken müssen und habe keinen Zweifel, dass einer ganz bestimmten, historisch zu nennenden Entscheidung in seiner Funktion als Oberbefehlshabers der US-Streitkräfte eine sehr schwere Gewissensprüfung vorausgegangen ist. Ich meine seinen gegen den Willen mancher seiner obersten Militärs und der politischen Wortführer Washingtons erteilten Befehl, den ersten Irak-Krieg zu beenden, obwohl Bagdad noch nicht eingenommen war, aber offen dalag. Ich erlaube mir in aller Bescheidenheit die Vermutung, dass es seine eigenen Kriegserlebnisse waren, die George Bush dazu veranlassten, die Hauptstadt mit ihrer Zivilbevölkerung unversehrt zu lassen und die ihm anvertrauten Männer nicht in das Blutbad eines Häuserkampfs zu verstricken.

Doch mich, der ich damals begann, mich mit der Last meiner eigenen Vergangenheit aktiv auseinanderzusetzen, stimmte noch etwas anderes nachdenklich. Es war die Frage, wie George Bush das Dilemma zwischen seinen persönlichen Gefühlen über Krieg und Gewalt, die für mich so ganz deutlich erkennbar wurden, und den Zwängen der Realpolitik, in denen auch ein amerikanischer Präsident gefangen ist, verarbeitet haben mag. Ich konnte dem letztlich nur nachspüren, wissen konnte ich es nicht. Bei meinem eigenen Vater durfte ich indessen unmittelbar beobachten, wie ein Mensch, der auf der großen Bühne der Politik agiert, seinen Wunsch nach Versöhnung mit der eigenen persönlichen Vergangenheit in die Sphäre seines beruflichen Handelns überträgt. Auch er hatte den »Großen Brand« Deutschlands miterlebt, jene verheerenden Bombennächte, die auch seine Heimatstadt Ludwigshafen in Flammen aufgehen ließen. Und auch er trägt jene Urverletzung älterer Deutscher in sich, die, wie es sein Altersgenosse Fritz J. Raddatz einem Journalisten aus der neutralen Schweiz einmal so treffend erklärte, nicht mit der Banane in der Hand aufgewachsen sind, sondern die bestenfalls wussten, wie ein Stück Brot aussah. Mein Vater hat diese seine eigene Erfahrung der deutschen Urverletzung mit Leidenschaft in ein politisches Handeln umgesetzt, das keineswegs erst mit der deutschen Wiedervereinigung und mit der Idee der Währungsunion begann. Sein politischer Versöhnungsimpuls, wenn ich es einmal so nennen darf, reicht bis in eine Zeit zurück, wo er selbst wohl noch gar nicht an eine eigene Karriere als Politiker dachte. Kurz nach Kriegsende grub er zusammen mit einem ehemaligen französischen Soldaten bei Nacht und Nebel deutsch-französische Grenzsteine aus, ein versuchter Akt innerer Selbstbefreiung vom Trauma des Krieges – und ein sehr persönliches Zeichen der Versöhnung mit jenem Land, das er später stets als den wichtigsten Verbündeten auf seiner eigenen politischen Mission gesehen hat.

Um der Wahrheit willen und um einer unter uns Deutschen ebenfalls weitverbreiteten Neigung etwas entgegenzusetzen, nämlich der zur Mythenbildung und Glorifizierung unserer erfolgreichen Staatsmänner, muss ich hier auch auf den Schatten seiner im geschichtlichen Maßstab völlig unbestreitbaren Verdienste um die europäische Idee hinweisen. In diesem Schatten lag die konsequente Verweigerung einer Aufarbeitung der erlebten Furchtbarkeiten des Krieges auf persönlich-vertraulicher Ebene. Er lehnte jedes Gespräch darüber ab und wich dann stets in die allgemeine Erörterung aus. Ich kann das heute weit besser verstehen als früher. Ich weiß, dass ich selbst lange der Versuchung nicht zu widerstehen vermochte, innere Verletzungen durch den Aufbau äußeren Handlungsdrucks zu kompensieren. Nur kam ich damit nicht sehr weit. Er dagegen arbeitete bis ins Alter hinein mit einem solchen Erfolg auf der äußeren Bühne des Lebens, dass innere Arbeit für ihn nie zum drängenden Thema zu werden schien.

Ich bin froh und dankbar, mich nur um mein eigenes Leben – und das meiner Lieben – kümmern zu dürfen, denn die Sorgen des kleinen Mannes müssen manchem Großen als wahre Segnung erscheinen.

Natürlich tragen auch wir, die wir ohne die Last der Verantwortung für viele Menschenleben existieren dürfen, gleichwohl den Rucksack der eigenen Geschichte auf dem Buckel. Jedes Mal, wenn wir dem Leben in seiner unvermeidlichen Unberechenbarkeit begegnen, suchen wir nach Anhaltspunkten der Orientierung in unserer Vergangenheit. Blitzartig scannen wir unser persönliches Archiv nach Referenzpunkten und übertragen alte Erfahrungen, Gefühle und die damit verbundenen Handlungsmuster auf die neue Situation.

Dies kann durchaus in eine souveräne Handlung münden, indem wir eine neue Herausforderung nicht nur rein situativ annehmen, sondern sie mithilfe bereits gemachter, ähnlicher Erfahrungen rational einschätzen. Die erfolgreiche Anwendung dieses seelischen Mechanismus nennt man gern »Lebensweisheit« oder »Lebenswissen«. Aber sind unsere Erlebnisse der Vergangenheit immer die besten Ratgeber?

Das Bedürfnis, in der Vergangenheit nach einer Referenz für aktuelle Erlebnisse zu suchen, ist so reflexhaft, es ist so tief in uns verankert, dass es zu bizarren Irrationalitäten führen kann. Bei unserer Recherche nach einer Lösung, einem Ausweg oder Kompromiss leitet uns unser »Gefühl«, präziser: eine sehr wandlungsfähige Mischung aus aktuellem Empfinden und einer hochverdichteten Essenz erlebter Situationen, die wir auch »Erfahrungswerte« nennen. Wenn wir uns bei dieser spontan erfolgenden, äußerst wichtigen inneren Aktivität genauer betrachten – was ohne besondere Übung meistens erst hinterher möglich ist –, erkennen wir bei nüchterner Einschätzung, wie sie stets auf die Gefahr hin erfolgt, dass unser »Gefühl« uns auch zu ganz und gar einseitigen Betrachtungen und Wertungen verleiten kann.

Wie stehen wir also zu unserer Vergangenheit? Akzeptieren wir sie wirklich? Ohne Vorbehalte? So, wie sie nun einmal ist? Haben wir unseren Frieden mit gewissen problematischen Erfahrungen gemacht, die wir unweigerlich mitbringen? Oder möchten wir am liebsten die Augen verschließen und damit nichts zu tun haben? Diese Fragen sind manchmal nicht so leicht zu beantworten. Ich meinte lange Zeit, meine Probleme seien reine Gegenwartsprobleme. Welche Rolle und welchen Einfluss meine persönliche Vergangenheit da spielte, dass sie weder Kraftquelle noch Inspiration war, sondern eine kraftfressende Blockade, das wurde mir erst durch einen längeren Prozess der Selbstbefragung klar.

Irgendwann kommt der »Knackpunkt«, wo sich der Knoten löst. Für mich war das der Fall, als ich allmählich begriff: Der Schlüssel liegt nicht im *Was*, sondern im *Wie*. Nicht die Umstände müssen anders werden, sondern ich selbst muss mich ändern. Das begreift man spätestens in der Situation, wo es ohne Hilfe nicht mehr geht. Und sie kommt. Wenn auch meistens nicht in der Art und Weise, wie man es erwartet. Wir können uns aber sehr wohl darauf verlassen, dass das Leben die entsprechenden Angebote macht! Es versteht sich von selbst, dass wir gleichwohl nichts unversucht lassen dürfen, uns von der Couch alter Gewohnheiten, Vorlieben und Annehmlichkeiten zu erheben. Nichts ist hier umsonst, wir müssen für alles zahlen! Und wenn wir die richtige Währung noch nicht in der Tasche haben, führt das Leben doch auch ein Konto unter dem Namen »guter Wille«. Das mag jetzt etwas altmodisch klingen, ich bin aber davon überzeugt.

Es ist kein Gnadengeschenk, wenn die eigene problematische Vergangenheit in eine Quelle der Kraft für das Leben in der Gegenwart und eine Quelle der Inspiration für die Gestaltung der Zukunft verwandelt wird. Es ist harte Arbeit. Und ja, es ist auch eine bisschen wie eine Kunst. Jeder hat grundsätzlich das Talent dafür. Doch leider lernen wir in keiner Schule und auf keiner Universität, wie wir es entfalten können. Nur der kann sein Leben selbst gestalten, der das Vergangene in sich geheilt hat. Und erst wenn wir Frieden mit unserer Vergangenheit geschlossen haben, werden wir frei dafür, auch Frieden mit uns selbst zu schließen. Erst dann können wir unser eigenes Potenzial erkennen und in unsere wahre Kraft kommen. Eine der größten Kraftquellen des Menschen heißt daher »Frieden mit der eigenen Vergangenheit«. Dazu müssen wir offen werden für unsere Gefühle, und zwar für alle Gefühle, insbesondere für die Verletzungen unserer Seele. Auf diesem Weg trägt uns die Kraft der Versöhnung. Versöhnung wird zu einem Werkzeug der Lebensgestaltung, indem sie unsere Gefühle klärt, reinigt und stärkt. Doch um so weit zu kommen, müssen wir überhaupt erst einmal »ins Gefühl kommen«.

Wir wissen oft nicht, was wir glauben – und handeln trotzdem danach

Aus der Summe unserer Erfahrungen entwickeln wir unweigerlich Überzeugungen, und aus Verbindungen von einzelnen Überzeugungen entstehen Glaubensstrukturen. Damit meine ich nicht das religiöse Bekenntnis eines Menschen oder seinen Glauben »an« etwas oder jemanden, sondern seine teils bewusste, teils unbewusste Orientierung an dem, was er im Laufe der Jahre auf seiner »inneren Festplatte« abgespeichert hat. Dazu gehören zum einen alle Anschauungen, Sichtweisen und Überzeugungen, die er, aus welchen Gründen auch immer, in die Welt hinauszuposaunen beliebt. Zum anderen aber auch jene inneren Einstellungen, Haltungen und für ihn typischen Empfindungsweisen, deren Wirken so still und heimlich erfolgt, dass sie in aller Regel sogar ihm selbst verborgen bleiben.

Wenn wir mit uns selbst wirklich und ernsthaft weiterkommen wollen, erweisen Glaubensstrukturen sich rasch als undefinierbares, nebelhaftes Phänomen. Ihre Erforschung können wir guten Gewissens als akademische Aufgabe ansehen. Im psychologischen Hausgebrauch weitaus fruchtbarer ist die Erforschung und Veränderung dessen, was in unserem Innern gleichsam als Beauftragter der Glaubensstruktur höchst unauffällig, aber umso effektiver seine Arbeit verrichtet. Man nennt es »Glaubenssatz«.

Auch hier sollte einem möglichen Missverständnis entgegengetreten werden: Glaubenssätze haben nicht unbedingt etwas mit »Bewusstsein« zu tun. Allerdings wirken sie stets machtvoll auf es ein. Ein Glaubenssatz ist (zunächst) völlig unbewusst. Er lebt in uns, oft im Verborgenen, aber er lässt keine Chance aus, seinen Einfluss in unserem Leben geltend zu machen. Es ist eine ebenso reizvolle wie schwierige Aufgabe, die eigenen unausgesprochenen Glaubenssätze herauszufinden. Und eine sehr lohnende, denn damit legen wir Hand an jenen Hebel, durch den wir im Fluss des Alltags zu unseren Urteilen und Entscheidungen bewogen werden. Glaubenssätze sind unsere – unsichtbaren – Wegweiser, denen wir in blindem Vertrauen folgen.

Die erste Hürde besteht also darin, die Existenz eines Glaubenssatzes, den wir in uns tragen, überhaupt zu erkennen, ihn »wahrzuhaben«, wie es die deutsche Sprache so treffend ausdrückt. Wahrhaben ist hier ein überaus passendes Wort, denn es geht zunächst um zwei Dinge: Wir müssen erkennen, dass die Existenz eines bestimmten Glaubenssatzes das bestimmt, was wir selbst für wahr halten. Und wir müssen dieses Faktum anerkennen, das heißt diese Wahrheit in uns aufnehmen – sie »haben«. Eine weitere Schwierigkeit besteht darin, dass es Glaubens»sätze« als solche tatsächlich nur in unserer Vorstellung geben kann, nicht aber im Unterbewusstsein. Das, was da in uns Zünglein an der Waage spielt, wenn wir, »zwischen zwei Stühlen sitzend«, schnell eine Entscheidung treffen müssen, ist ja nicht an Sprache gebunden. »Es« wirkt von dort her, wo nicht Sprache, sondern nur Seele ist: sagen wir, im Gemüt. Gleichwohl können wir nicht anders, als es zu versprachlichen, wenn wir es uns bewusst machen wollen.

Damit dies auch gelingt, sollten wir uns stets auf die alte Weisheit verlassen, dass gerade die machtvollsten Kräfte immer auch sehr einfach strukturiert sind. Alle nicht bewussten Orientierungspunkte unseres Handelns und damit unseres Verhältnisses zu uns selbst, zu anderen Menschen und der Welt können am besten und wirksamsten in Form von sehr einfachen, geradezu formelhaften Sentenzen zum Ausdruck gebracht werden. Wenn es anders wäre, würden wir in schwierigen Situationen nie und nimmer mit einer sinnvollen Entscheidung zu

Potte kommen. Komplexität ohne lange Überlegung zu meistern ist ganz sicher eine der wichtigsten Kulturtechniken des modernen Menschen. Stellen wir uns einer ernüchternden Tatsache: Ohne die gemüthafte Simplifizierung der uns umgebenden Realität wären wir in der heutigen Welt verloren. Genau das ist die Leistung unserer Glaubens»sätze«, die – es sei nochmals betont – zu »Sätzen« eigentlich erst dadurch werden, indem wir sie durch innere Arbeit und Versprachlichung ins Bewusstsein heben: ob nur deshalb, um sie loszuwerden, weil sie uns behindern, oder deshalb, weil wir sie zu Richtungsanzeigern machen wollen, um im Leben auf Kurs zu bleiben.

Ich will ein Beispiel geben.

»Konzentriere dich auf die wichtigen Dinge!«, lautete ein zentraler Leitsatz, den mir meine Eltern mitgaben. Ein sehr guter Leitsatz, ohne Zweifel! Doch welcher Glaubenssatz steckte dahinter? Ich will diese Frage jetzt noch nicht beantworten, sie aber schon einmal stellen, damit deutlich wird, worauf ich hinauswill, nämlich auf den Unterschied zwischen erklärten und unerklärten Zielen. Oder, anders gesagt: auf die inneren Orientierungen, die äußeren Zielen zugrunde liegen.

Was also war »wichtig« in meiner Herkunftsfamilie? Es waren in aller Regel recht handfeste Dinge. Themen, die konkret fassbar waren. Sie hatten immer mit irgendeiner Form von Erfolg zu tun. Für meinen Vater ging es zumeist darum, die nächste Wahl zu gewinnen. Für meine Mutter, die während der langen politischen Laufbahn ihres Mannes stets die Frau an seiner Seite war, darum, ihm dabei tatkräftig zu helfen. Für uns Brüder, in der Schule, dann im Studium gute Noten und vorzeigbare Abschlüsse zu produzieren und später im Berufsleben etwas Erkennbares zu leisten. Kurzum, wir alle waren extrem beschäftigt damit, den »Herausforderungen des Lebens« zu genügen. Zum Wichtigen gehörte immer, sich in diversen Spielarten des Konkurrenzkampfs durchzusetzen und Ansehen zu erwerben. Geld war auch wichtig, doch öffentliche Anerkennung und Macht hatten mehr Gewicht.

Die Eltern verlangten von sich selbst, aber auch von uns Kindern einen hohen, eigentlich unbegrenzten persönlichen Einsatz. Sie lebten uns diese Einsatzbereitschaft in bewundernswerter Weise ein Leben lang vor. Lange Arbeitstage mit wenig Schlaf auch an Wochenenden und Feiertagen, im Urlaub, egal wann. Arbeiten bis zur körperlichen und mentalen Erschöpfung. Alles nichts Besonderes, denn für diese Eltern war klar: Wenn es darauf ankam, hatte man »da zu sein«, hatte man »zu stehen«. Aber ebenso unbestritten war auch: Sie selbst hatten die Definitionsmacht – sie und niemand sonst bestimmten, *wann* es darauf ankam und *was* wichtig war. An dieser Deutungshoheit wagte ich lange nicht zu rütteln, zu stark waren die häuslichen Prägungen in Oggersheim.

Gesprochen wurde über die Belastungen der Arbeit so gut wie nie. Es schien nicht erwähnenswert, denn totaler Einsatz war ja normal. Jahrzehntelang lebten wir in einer Art Politik-Familienunternehmen, bei der jede Wahl zugleich auch eine Abstimmung über die familiäre Zukunft und damit über unser wirtschaftliches Wohl war. Von daher die oberste Regel: Alle hatten an demselben Strang zu ziehen, jeder an seinem Platz. Vater stand oben auf der Bühne, und Mutter agierte als Managerin und Kümmerinstanz im Hintergrund. Besonders in Wahlkampfzeiten – und wann war eigentlich kein Wahlkampf? – musste präzise geplant werden. Wer hat wann und wo mit welcher Ausstattung zu sein? Welcher Fahrer hat mit welchem Gepäck wo zu erscheinen, damit dieser und jener Termin soundso wahrgenommen werden konnte? In einem Zeitalter ohne Mobiltelefone und Internet stellte dies eine beachtliche Herausforderung dar. Mutter lieferte eine logistische Meisterleistung nach der anderen ab. Vater »traf Entscheidungen wie am Fließband«, wie er es gern immer wieder ausdrückte, und trotzte den nervlichen Belastungen seiner immensen Verantwortung. Er »stand« wie ein Fels in der Brandung. Von Peter und mir wurde erwartet, dass wir in diesem großen Strom widerstandslos mitschwammen, uns im Übrigen auf unsere altersgemäßen Pflichten konzentrierten und keinerlei Störungen verursachten.

Das also waren die wichtigen Dinge in meinem Elternhaus. Und es gab auch das Unwichtige, beispielsweise Gespräche über das eigene Befinden, ausgenommen das körperliche. Körperliche Malaisen anzusprechen war okay. Wenn es einem »nicht gut ging«, suchte man den Arzt auf, der einen wieder fit machte, so wie man ein Auto repariert. Emotionale Themen? Dafür war höchstens »später« Zeit. Doch dieses »Später« kam nie, es wurde zu einem ewigen »Morgen«.

Ich habe zu funktionieren, es muss ja weitergehen.

Mit diesem Glaubenssatz wischte meine Mutter ihre eigenen Bedürfnisse und Empfindungen weg. Ich habe ihn immer dann von ihr zu hören bekommen, wenn ich ihre Nähe suchte und mit ihr über ihre Gefühle sprechen wollte, weil ich sie bedrückt oder enttäuscht sah. Mit einer gewissen jugendlichen Naivität wollte ich ihr meine Hilfe anbieten. Doch mit jenem Satz signalisierte sie mir, ohne dass ich es damals wirklich verstand, wie sehr sie sich ihrer »Schwäche« schämte und wie peinlich es ihr war, wenn man deshalb mit ihr fühlte. Dass der Mensch litt, war für sie ein Teil des Preises, der für diese Art von Leben zu entrichten war.

Ein so gut geölter, schnell getakteter, fast maschinenhafter Lebensentwurf bot wenig Gelegenheit, nach außen hin zu zeigen, was innerlich in einem vorging. Gefühle zeigte man nur zu besonderen Gelegenheiten, etwa wenn politische Erfolge gefeiert wurden. Aber sonst? Es war verpönt, über ganz normale, alltägliche innere Regungen reden zu wollen: Frust in der Schule, die Freuden und Leiden der ersten Kontaktaufnahme mit dem anderen Geschlecht, Angst vor den Terroristen, Demütigungen durch fremde Menschen: Die Glaubenssätze meiner Eltern und die damit verbundene Gesprächskultur ließen solche Gespräche mit ihnen nicht zu. Daran hat sich in Bezug auf meinen Vater bis heute nichts geändert.

So lernte ich systematisch und sehr gründlich, meine Gefühle zu verbergen. Welcher Junge will schon als verwundbar oder schwach angesehen werden? Im rauen, politischen Klima der 1970er-Jahre, die von Terrorismus und ideologischen Lagerwahlkämpfen geprägt waren, wurde es fast überlebenswichtig für mich, mir nach außen hin eine dicke Haut zuzulegen, mich als möglichst unverwundbar zu präsentieren.

Nach innen hin verfolgte ich eine andere Strategie: eine immer raffinierter angelegte Flucht in die Hektik des Alltags, die in eine Vielzahl von Aktivitäten mündete. Doch alle selbst auferlegten Pflichten waren im Grunde nichts anderes als große und kleine Fluchten vor der Wahrheit über mich selbst. Ich lief in eine Falle, die zu einer besonders raffinierten Lebenslüge führen kann, weil der betreffende Mensch nach außen hin als das Gegenteil von sich selbst daherkommt. Ein Helfersyndrom wird schon deshalb gern übersehen, weil andere ja dankbar sind, dass dieser Jemand sich kümmert. Dass er dabei seine eigenen Bedürfnisse und Gefühle ignoriert, wird selten zum Thema, schon weil es nicht stört, sondern zu nützen scheint.

Man ahnt, was sich in mir auf der Ebene der Glaubensstrukturen und Glaubenssätze tat. Ohne dass ich es jemals aussprechen musste oder auch nur klar und deutlich zu denken wagte, schlug in mir eine innere Überzeugung Wurzeln, die in zwei simplen Sätzen ausgedrückt werden kann:

Eigene Gefühle kann ich mir nicht leisten.
Oder, noch deutlicher formuliert:
Gefühle hat man am besten gar nicht.
Dies erkannte ich jedoch erst viel später. Und es war noch längst nicht alles. Darunter hatte sich noch eine weitere Schicht unterbewusster Überzeugungen gebildet, die das Leben zur Qual werden lassen. Dass ich das meine, wie bereits erwähnt, um ein Haar weggeworfen hätte, nahm genau von dort seinen Ausgang.

Unsere ganze Familie lebte Mitte der 70er-Jahre in einer Art Hochsicherheitszone. Das Haus in der Marbacher Straße wurde Zug um Zug zur Festung ausgebaut: schusssichere Panzerglasscheiben; eine etwa sechs Meter hohe Betonmauer, die den Garten umschloss; Video- und Infrarot-Überwachungsanlagen; ein Wachbuch, in dem alle Besuche verzeichnet wurden; Durchleuchtung jeder Postsendung auf Sprengstoff; um das Anwesen herum gestaffelt mehrere Postenketten mit Maschinenpistolen sowie scharfen Polizeihunden – und vieles mehr. Als hochgesicherte und bewaffnete Bastion im Kampf gegen den Terrorismus bildete mein Elternhaus die scharf abgetrennte Enklave eines bizarren Ausnahmezustands, inmitten des bürgerlich-gemütlichen Ludwigshafener Vorstädtchens Oggersheim.

Eine Episode stach für mich heraus. Hohe Polizeibeamte besuchten uns, um mit meiner Mutter und mir die »Spielregeln« im Falle meiner Entführung im Detail durchzusprechen. Ich habe das Gespräch in meinem ersten Buch ausführlich geschildert und will mich hier deshalb auf das Wichtigste beschränken. Nachdem klargestellt worden war, dass der Staat sich niemals wieder von den Terroristen erpressen lassen würde, räumte der Gesprächsführer immerhin doch ein, dass in meinem Falle finanzielle Forderungen in einem vorher festgelegten Rahmen und unter genau bestimmten Bedingungen erfüllt werden könnten. Mit anderen Worten, der Staat wolle mir gegenüber eine gewisse Großzügigkeit walten lassen. Schließlich sei ich ja noch ein Kind.

Doch diese Großzügigkeit war nur ein Schein, denn allen war klar, dass eine Entführung einem Todesurteil gleichkäme. Schließlich nutzten die Terroristen nicht Entführungen, sondern Banküberfälle und – wie wir heute wissen – Gelder der StaSi, um ihren finanziellen Bedarf zu decken. Wenn ich gekidnappt worden wäre, hätten sie also mit an Sicherheit grenzender Wahrscheinlichkeit politische Forderungen gestellt und keine finanziellen. Das sogenannte Angebot, mich für bis zu fünf Millionen Deutsche Mark auszutauschen, war daher kein echter Grund für Hoffnung, sondern ein Trostpflaster für meine Familie und mich.

Auch wenn ich als Zwölfjähriger die Zusammenhänge nicht alle durchschaute, erschütterte mich diese Eröffnung bis in die Fundamente. Schlagartig wurde mir klar: Es ging hier eigentlich gar nicht um mich. Nur als »Sohn vom Kohl« war ich ja überhaupt für die Terroristen interessant. Ich selbst, Walter, war *sogar diesen Verbrechern* völlig unwichtig, ich war ihnen nur ein Mittel zum Zweck. Und, was noch schmerzhafter war: Meine Eltern akzeptierten meinen »Preis«! Ihr Kind schien ihnen soundsoviel »wert« – auf Punkt und Komma auszudrücken in Deutscher Mark. Das war eindeutig zu viel für mich. Eine Welt brach in mir zusammen. Was ich aus diesem Gespräch mitnahm, war eine tief empfundene Gewissheit:

Ich bin nicht wichtig. Mein Verlust ist kein Verlust.

Natürlich realisierte ich erst lange danach, dass damit ein Glaubenssatz von vernichtender Macht in mir verankert worden war. Seine Wucht war nicht die einer inneren Explosion, sie lag vielmehr in seiner fast sanften Stille, in seiner giftigen Gelassenheit. Es gab keinerlei Wut oder Empörung im Umfeld dieses Glaubenssatzes, nur resigniertes, ohnmächtiges und sprachloses Sich-Fügen in eine scheinbar unabwendbare und unumkehrbare »Wahrheit« meines Lebens. Dieser Glaubenssatz wurde zu einem Gift, das langsam, aber stetig in mein Selbstbewusstsein tröpfelte.

Erst viele Jahre später verstand ich, wie nachhaltig er gewirkt und welche Schäden er angerichtet hat. Zum Beispiel in meinem Berufsleben: Ich agierte manchmal übereifrig, hektisch, unsicher. Freunde und wohlmeinende Chefs wiesen mich wiederholt auf mein verwirrendes und damit kontraproduktives Verhalten hin. Einer meiner Chefs, der es wirklich gut mit mir meinte, sagte einmal zu mir: »Lieber Walter Kohl, warum zerstören Sie immer wieder mit der linken Hand, was Sie zuvor mit so viel Mühe und Können mit der rechten aufgebaut haben?«

Ich konnte mit seinem Hinweis damals nichts anfangen. Zu sehr war ich noch in der Rolle des vermeintlichen Opfers gefangen. Ich lebte in der festen Überzeugung, die Umstände würden stets gegen mich arbeiten, ja, dass eine Art Fluch auf mir lastete. Alles Schlechte komme zu mir, weil ich der »Sohn vom Kohl« war, so redete ich es mir ein. Eigentlich, so meinte ich, hatte ich gar keine echte Chance. Heute weiß ich, dass meine Reaktion falsch war. Ich konnte und wollte die eigentliche Quelle meines Dilemmas noch nicht erkennen, nämlich die ungeklärte Frage: »Bist du, Walter, etwas wert oder nicht?« Oder andersherum betrachtet: Wenn du dich selbst nicht wertschätzt, warum sollten es dann andere?

Immer wenn wir versuchen, vor dem auszuweichen, was uns von innen her unter Zwang setzt, wenn wir schlimme Erlebnisse nur noch vergessen und verdrängen wollen, dann laufen wir Gefahr, dass sich die damit verbundenen Glaubenssätze umso tiefer und gänzlich unbemerkt in uns festsetzen. In meinem Fall hat es fast 25 Jahre gedauert, bis ich den unbewussten Glaubenssatz »Ich bin nichts wert« als mein eigentliches und tiefstes Problem erfassen und damit auch auflösen konnte.

Wenn man einmal diesen Schritt der Selbsterkenntnis gegangen ist, liegt die erste Etappe des Weges aus der Opferrolle schon hinter einem. Der nächste, mindestens ebenso schwierige Schritt ist es, dass wir komplett und rückhaltlos die Verantwortung für uns selbst übernehmen. Auch für den Glaubenssatz!

Indem man auch diese Verantwortung übernimmt, ändert sich die Perspektive. Die Frage lautet nicht länger: »Wer ist schuld?« – vielmehr lautet sie: »Schmerzt mich oder nützt mir der Glaubenssatz? Wie kann ich glücklicher leben?«

Sobald man einmal an diesen Punkt gekommen ist und ernsthaft mit der Übernahme von Verantwortung für sein eigenes Leben beginnt, wird es auch möglich, die eigenen Glaubensstrukturen zu bearbeiten. Es ist unsere mentale und moralische Kraft, die es möglich macht, die eigenen Glaubenssätze tatsächlich von einer Belastung in eine Kraftquelle zu verwandeln. All dies gehört zu den schwersten, aber auch zu den am meisten erfüllenden Herausforderungen auf unserem Weg zu uns selbst und damit zum Glück.

Wir leben immer, was wir fühlen. Deshalb sollten wir darauf achten, was wir fühlen, denn so leben wir.

Ins Gefühl kommen

Es war ein brütend heißer Sommertag im August, Mitte der 1990er-Jahre. Nach fast 600 Kilometern anstrengender Autobahnfahrt mit Staus und stockendem Verkehr traf ich gegen Mittag, von Köln kommend, in Zürich ein. Die Stadt war die erste Etappe auf meinem Weg in den Urlaub. Hier wollte ich meinen Freund Rudi treffen und dann weiter ans Mittelmeer fahren. Ich schwitzte am ganzen Leibe, die Kleider klebten an mir, denn das Auto war zu einer stickigen Sauna geworden. Genervt und erschöpft erreichte ich schließlich die Innenstadt und bog in einen Parkplatz ein, nicht weit vom Bürkliplatz, direkt am Ufer des Zürichsees. An der Seepromenade waren wir verabredet.

Langsam schlenderte ich am Ufer entlang und schaute immer wieder auf meine Uhr. Rudi hatte sich verspätet, und ich begann innerlich zu reagieren: »Wieder mal typisch, der mit dem langen Weg kommt pünktlich, und der, der hier um die Ecke arbeitet, kriegt es nicht auf die Reihe.« So dachte ich bei mir, und meine ohnehin schon schlechte Stimmung trübte sich noch weiter ein. Da hörte ich, wie mein Name gerufen wurde, und schon sah ich Rudi die Straße überqueren und auf mich zueilen.

Er wirkte hektisch, gestresst. Sein Gesicht hatte rote Flecken, und das wohl kaum von der Hitze des Tages. Er arbeitete schließlich in einem voll klimatisierten Büro, wie ich wusste, und hatte nur wenige Hundert Meter zu unserem Treffpunkt zurückzulegen gehabt. Wir kannten uns vom Studium her, waren seinerzeit enge Freunde geworden. Und, was nicht selbstverständlich ist, auch danach noch geblieben. Zwar hatten sich unsere Wege getrennt – er arbeitete als Investmentbanker hier in Zürich, ich als Controller in einem Kölner Handelskonzern. Jeder verfolgte seine eigenen Ziele, ganz und gar darauf konzentriert, Karriere zu machen. Aber, wie gesagt, das tat unserer Freundschaft keinen Abbruch.

Wir begrüßten uns herzlich, doch irgendwie schien heute etwas anders zu sein. Als ob irgendetwas zwischen uns stünde. Jeder spürte das für sich selbst – und beim anderen. So umgab uns eine gewisse irritierende Befangenheit, ohne dass es einer anzusprechen wagte.

»Du, ich hab gleich eine Telefonkonferenz mit einem Kunden, und heut Nachmittag haben wir auch noch ein internes Meeting.« Ich schaute Rudi erstaunt an. Das also war der erste vollständige Satz, den er zu sprechen beliebte. Aha, dachte ich. Die Dinge beginnen sich zu ändern. Er lebt nun in seiner eigenen Welt, anscheinend völlig absorbiert von seiner Arbeit. Ich war weit davon entfernt, ihm deshalb Vorwürfe zu machen. War es nicht auch bei mir so? War nicht auch ich mit Projekten, Präsentationen und Terminen vollgestopft bis zum Rand? Kurz, wir beide schienen endgültig zu Gefangenen des berühmtberüchtigten »Hamsterrades« geworden zu sein, das letztlich allen beschieden ist, die auf der Leiter des Erfolgs vorankommen wollen. Ein Leben neben der Arbeit? Es blieb nur wenig Zeit dafür. Meine Stimmung kippte ins Zynische. Und ich begann meinen Freund dafür verantwortlich zu machen.

»Dann hätte ich mir ja den Umweg sparen können, wenn du eh keine Zeit hast«, versetzte ich barsch. Rudi schaute betreten zur Seite. Er reagiert eigentlich nie aggressiv, wenn er angegriffen wird. Was mich manchmal mit ihm nur umso ungeduldiger werden lässt. Doch jetzt biss ich mir auf die Zunge, und wir schlenderten eine kurze Weile wortlos am Seeufer entlang. Da geschah in mir etwas, das ich nicht selbst herbeigeführt hatte. Es kam »einfach so«. Am Seeufer gibt es dort Ruderbootverleihe. Ein paar hatten wir schon passiert, doch auf den nächsten ging ich jetzt zielstrebig zu.

»Wir mieten uns ein Ruderboot und fahren auf den See hinaus«, hörte ich mich sagen. Dabei empfand ich sehr bewusst und unerwartet eine spontane, sogar körperlich spürbare Genugtuung. Übrigens das allererste Mal in dieser Art, nämlich vollkommen bewusst, doch mittlerweile habe ich gelernt, auf diese besondere Empfindung zu achten, die mir ein untrügliches Signal dafür geworden ist, dass ich etwas aus einem wirklich sicheren Gefühl der »Richtigkeit« heraus tue.

»Du spinnst«, lautete die prompte Antwort meines Freundes. Dabei machte er ein für ihn typisches Gesicht, das auf unfassbar souveräne Weise gleichzeitig süffisante Ironie und entwaffnende Zuwendung zum Ausdruck bringt.

»Ich bin nicht im Urlaub wie du, schau mich doch an«, ergänzte er mit größter Freundlichkeit und deutete auf seinen konservativen, dabei durchaus eleganten dunklen Anzug. »Ich kann doch nicht einfach in der Mittagspause auf den See hinausfahren. Das habe ich ja noch nie gemacht.«

Jetzt hatte ich ihn! Und ich genoss es. Ich trat ganz nahe an ihn heran, sodass ich sicher war, dass er die olfaktorischen Ergebnisse meines stundenlangen Verweilens in der Autosauna zu spüren bekam. Unwillkürlich wich er einen halben Schritt zurück, wie vor einer körperlichen Bedrohung.

»Genau deshalb. Weil du es noch nie gemacht hast«, hieb ich in die mir auf dem Präsentierteller gebotene Kerbe, »es wird langsam mal wieder Zeit für dich, etwas wirklich Verrücktes zu tun, alter Junge.« Dabei legte ich meine verschwitzte Hand auf das Schulterstück seines edlen Zwirns.

Rudi schaute verunsichert an mir vorbei. Es schien so, als sei er unschlüssig, ob er sauer werden oder laut auflachen sollte. *Touché!* Ich brauchte nur noch eins draufzusetzen, und er würde sich für das Richtige von beidem entscheiden.

»Ich rudere auch. Als zukünftiger Bankdirektor setzt du

dich einfach auf die Rückbank und lässt dich chauffieren. Das passt doch gut, oder?«

Nun war es so weit! Wir mussten beide schallend lachen. Die Situation hatte etwas Groteskes, wie in einem schrägen Film. Wir sahen uns gegenseitig an, in unserem so unterschiedlichen Aufzug, und die Stimmung kippte vollends ins Komische. Da standen wir nun am Steg, und jeder schien auf den anderen zu warten. Nach einer kleinen Weile sah mich Rudi fest an und nickte fast unmerklich. Ich ging die letzten Schritte zum Kassenhäuschen und mietete ein Ruderboot.

Schnell waren wir einige Hundert Meter auf den See hinaus. Für mich war es eine willkommene Lockerung meiner steif gewordenen Muskulatur. Die Silhouette der Stadt wurde kleiner und kleiner, zu einem nunmehr gänzlich unaufdringlichen Teil des pittoresken Panoramas aus Himmel, Erde und ganz viel Wasser. Die Geräusche menschlicher Geschäftigkeit wurden dumpfer, eine erfrischende Ruhe umfing uns. Rudi kam ins Genießen. Er lehnte sich auf seiner Bank zurück, schloss die Augen und steckte die Hände ins kühle Nass.

»Ah, tut das gut.«

Das war für mich das Signal, die Ruder loszulassen. Wir trieben dahin ... wortlos. Vor uns lag die imposante Kulisse der Alpen mit ihren mächtigen Gipfeln, davor das satte Grün der Voralpen. Hinter uns die Stadt. Die vorher so wichtige Bankenmeile war zu Spielzeugformat geschrumpft. Ansichtskartenidylle. Immer noch aus allen Poren schwitzend, lechzte ich nach einer Abkühlung.

»Komm, wir gehen schwimmen.«

Rudi fuhr erschrocken aus seiner Behaglichkeit auf.

»Jetzt bist du völlig durchgedreht. Wir haben doch nichts dabei, kein Handtuch, keine Badehosen, nichts.«

»Wieso?«, fragte ich unschuldig zurück und schwenkte grinsend mein Taschentuch.

»Gar nicht witzig, alter Trottel.«

Übel nehmen kann man ihm ohnehin nichts, und so blieb ich gelassen. *Watt mutt, dat mutt*, dachte ich bei mir und sagte laut: »Egal, ich gehe jetzt ins Wasser.«

Ich zog mich aus und hüpfte in den See. Das kühle Wasser war so eine Wohltat! Mein völlig überhitzter Körper überwand in wenigen Sekunden den ersten Kälteschreck. Wohlige Entspannung … Ich tauchte wieder auf und schwamm einige Meter. Dann drehte ich mich auf den Rücken und gab Signal:

»Affengeil! Los, komm rein, das ist super!«

Rudi war nun tatsächlich fassungslos und starrte mich mit großen Augen an. Schließlich kam der Genießer in ihm durch. Er konnte nicht länger an sich halten und stand auf. Er begann sich auszuziehen, faltete mit äußerster Sorgfalt Hemd, Sakko und Hose. Legte seine Krawatte darüber, ebenfalls gefaltet. Ich wusste, das musste er so machen, um mit jedem Kleidungstück den Banker ein wenig mehr abzustreifen und immer mehr »der Rudi« zu werden. Dann hechtete er mit herzerfrischendem Juchzen und gekonntem Kopfsprung über den Bootsrand ins Wasser.

Als er neben mir auftauchte, brachen wir beide in wildes, befreites Gelächter aus. Wie tolle Kinder planschten wir im See, und die Bankenpaläste am Ufer schienen auf den Wellen mitzuhüpfen. Ihre Welt erschien Lichtjahre entfernt. Uns ging es einfach nur gut. Wir schwammen nach Lust und Laune hin und her, tauchten immer wieder ab, spielten Wasserschlacht. Einfach so, ein fröhlicher, kindischer Heidenspaß. So ging das eine ganze Weile, bis wir uns ausgetobt hatten.

Schließlich schnappten wir uns das Befestigungstau am Bug unseres kleinen Ruderboots und schwammen noch weiter hinaus auf den herrlichen See, wobei wir das leere Boot hinter uns herzogen. Um uns herum ergreifende Stille. Nur das sanfte Glucksen der Wellen, die am Boot anschlugen. Unsere unausgesprochenen Gefühle traten hervor, ohne dass ein einziges Wort notwendig gewesen wäre. Der schnöde Alltag lag weit, weit hinter uns. Es war, als ob unsere innerste Essenz plötzlich aus den Tiefen des Wassers aufgetaucht wäre, um ihr angestammtes Recht zu verlangen.

Und dann redeten wir, mit den Armen rudernd, um uns über Wasser zu halten, keuchend vor Anstrengung, lachend. Darüber, wie es uns wirklich ging, was wir tatsächlich dachten, wie sich unser Leben anfühlte. Wir sprachen über die Irrungen und Wirrungen, in denen wir gefangen waren. Eine tiefe Ruhe hatte uns ergriffen, obwohl wir ständig darum ringen mussten, den Mund über Wasser zu halten – sonst wäre ja nichts herausgekommen ... Ohne dass wir es ahnten oder gar beabsichtigt hatten, waren wir in unsere Gefühle gekommen.

Das Dringliche war vom Wichtigen verdrängt worden.

Wir genossen den Moment, zelebrierten unsere Gemeinschaft. Wir sprachen über unsere Zukunft, über Freundinnen, über die Kämpfe im beruflichen Alltag und unsere teilweise unmöglichen Chefs. Und, vor allem, über unsere Sehnsüchte. Er davon, sich ein eigenes Zuhause zu schaffen. Ich über meine Schwierigkeiten, mich als Walter in der Firma zu etablieren und nicht stets als »Sohn vom Kohl« abgestempelt zu werden. Wir philosophierten prustend und planschend über unsere Vorstellungen und Wege zum Glück. Und stolperten dabei über die Frage: Was ist das eigentlich: Glück? Wir fühlten uns völlig losgelöst vom Alltag, wie zwei unschuldige Kinder ganz und gar vertieft in ihr Tun. Ein herrlich leichter und unbeschwerter Moment!

Mit der Zeit wurde es regelrecht kalt. Wir kletterten wieder ins Ruderboot. Dort saßen wir, klatschnass, und ließen uns von der Sonne trocknen. Wir hockten einfach da und genossen das Hier und Jetzt, diesen unwiederbringlichen Augenblick von Leichtigkeit und Sein. Es war das vielleicht schönste Gespräch, das befriedigendste Zusammensein, das wir seit vielen Jahren miteinander hatten. Alles konnte gesagt werden, unsere Gemeinschaft wurde wie durch einen Akku frisch aufgeladen. Keiner schaute auf eine Uhr, wir waren zwar noch auf dieser Welt, aber für diesmal nicht die Gefangenen unseres Alltags, unserer Routinen und Erwartungen.

Inzwischen hatte die Sonne uns getrocknet. Wir zogen uns an, und ich pullte zum Bootsverleih zurück. Schweigend legten wir die letzten Meter der Strecke zurück, doch nun war es ein beredtes Schweigen, eine Stille der Gemeinsamkeit, die uns innerlich verband. Als wir wieder auf der Promenade standen, er wieder ganz Banker in seinem Anzug und ich ganz Tourist in meinen verschwitzten Freizeitklamotten, da schauten wir uns eine Weile schweigend an.

»Das war wichtig und richtig«, stellte mein Freund fest, als er mir schließlich zum Abschied die Hand schüttelte. Ich nickte. Nachdenklich fuhr er fort:

»Warum erlaubt man sich das nicht öfter? Es ist doch gar nicht so schwer.«

Ich blickte ihn an – oder soll ich sagen: in ihn hinein?

»Vielleicht ist es einfach leichter, immer weiterzuarbeiten, immer nur das zu machen, was von uns erwartet wird. Anscheinend ist es wohl leichter, den Erwartungen anderer zu entsprechen, als zu sich selbst zu kommen, als den eigenen Gefühlen ihren gebührenden Platz zu geben.«

»Vielleicht«, lautete seine fast traurige Antwort. Er drückte mir fest die Hand, umarmte mich kurz und verschwand in der Menschenmenge.

Ich setzte mich auf eine Parkbank am Ufer und genoss nochmals eine Weile das Alpenpanorama. So hatte dieser Tag einen ganz anderen Geschmack bekommen. Nur wenige Stunden zuvor hatte ich genervt im Auto gesessen und über die Staus geflucht. Die latente innere Unzufriedenheit mit meinem Leben, tausend Gedanken über den Job, die Familie, über meine eigene Zukunft, die wie eine wilde Affenhorde in meinem Kopf herumsprangen: All das schien nun angenehm gekühlt und beruhigt, so wie das klare Wasser des Sees, dessen sanfte Wellen nur wenige Schritte weiter lustig glucksten. Die Freundschaft mit Rudi, unser gemeinsames Erlebnis und die Lust, einfach einmal etwas Verrücktes zu tun, wirkten in mir nach. Ich blickte auf das Wasser und versank in diesem Augenblick profunder Stille. Alles war so wunderbar friedlich, wie entrückt von der betriebsamen Großstadt, die mich umgab. Es war ein unglaublich befriedigender Moment, ein Moment, den man gerne in sein persönliches Archiv wichtiger Gefühle und Erlebnisse aufnehmen möchte. Diese damals nur selten erlebte innere Ruhe fühlte sich köstlich an. Ich spürte den Reichtum eines inneren Einklangs, dieses schöne Gefühl, völlig bei mir sein zu dürfen.

Nach einer Weile schlenderte ich zum Wagen zurück und setzte meine Fahrt ans Mittelmeer fort. Es wurde ein schöner Urlaub, doch die Bootsfahrt auf dem Zürichsee stach noch Jahre später aus allen Erinnerungen heraus. Zurück in Köln, hat mich das Hamsterrad schnell wieder in Beschlag genommen. Es galt, Termine zu halten, Herausforderungen mussten gemeistert werden, berufliche Ziele wollten erreicht werden. Mit der Zeit trat die Episode vom See immer weiter in den Hintergrund, der Alltag ließ solche »Träumereien« nicht zu. Es hieß, voranzukommen, sich auf die »dringenden« Dinge zu konzentrieren. Doch irgendwie blieb die Erinnerung an diesen Tag ganz weit unten in meiner Erinnerung haften, wie der besondere Geschmack eines ausgezeichneten Rotweins. Später erzählte mir Rudi noch, dass der Kunde die Telefonkonferenz während unseres Seeabenteuers verschoben hatte und dass das Meeting am Nachmittag völlig hirnlos und überflüssig gewesen war. Unsere gemeinsame Bootsfahrt allerdings, die würde er nie vergessen.

✽ ✽ ✽

Man muss etwas ausprobieren, man muss vor sich selbst den Mut haben, etwas zu tun, vielleicht sogar etwas völlig Verrücktes, statt in der Angst vor Versagen, Hohn, Spott oder Neid zu versinken. Man muss sich die Freiheit zur Überwindung eigener Grenzen gönnen, auch und besonders der selbst gemachten. Man muss etwas unternehmen und dies im ursprünglichsten Sinne des Wortes. Krisen sind unternehmerische Chancen, und nur wer nichts unternimmt, hat schon von vornherein verloren.

Es ist wohl kein Zufall, dass Rudi und ich schließlich, jeder für sich, der Karrieremühle und leitenden Jobs in Konzernen Adieu gesagt haben und dass wir beide als freie Unternehmer noch mal ganz von vorn angefangen haben. »Unternehmer« zu sein ist nicht nur etwas rein Geschäftliches. Es ist eine Art Lebenseinstellung. Jeder, der will, kann sie sich aneignen und praktizieren. Es bedeutet nichts anderes, als sich der gegebenen Situation zu stellen und aktiv zu werden, also sich zu entscheiden. Selbst wenn die erste Entscheidung lautet, zunächst einmal abzuwarten, ist dies eine aktive Entscheidung, eine unternehmerische, gestalterische Tat und kein passives Aussitzen der Situation.

Jeder Mensch ist der Unternehmer seines Lebens. Jeder Mensch hat die Chance zur Gestaltung seines Lebens. Die

Grenzen des Möglichen zeigen sich erst beim Tun, also indem man etwas unternimmt. Wer aus Angst vorm Scheitern beim fünften Schritt schon zaudert, überhaupt nur den ersten Schritt zu tun, der hat bereits verloren. Nur durch Tun entstehen Chancen, nur durch frei fließende Energie öffnen sich Türen. Widerstände, Rückschläge, Fehler gehören dazu. Nur wer gestaltet, gewinnt mehr, als er verliert.

Wer frei sein will, muss sich die Freiheit nehmen

Wer leben will, statt gelebt zu werden, der sollte die Quellen seines Denkens, Fühlens und Urteilens sorgfältig und kritisch erkunden. Das heißt, die in ihn eingepflanzten Glaubensstrukturen erforschen und deren innerpsychische »Geheimagenten« enttarnen, indem er seine eigenen, unausgesprochenen Glaubenssätze versprachlicht. Das ist der entscheidende Schritt vom automatischen zum aktiven Denken, denn es befreit unsere gedanklichen Gestaltungsmöglichkeiten. Es wird in der Regel übersehen, dass wir erst lernen müssen, unsere Gedanken zu »gestalten«, eben aktiv zu denken und nicht rein assoziativ. Nur wer seine Gedanken gestaltet, wer aktiv denkt, der kann auch sein Leben gestalten und die Rolle des passiven Opfers abwerfen. Ich würde sagen, in der Gestaltung unserer Gedankenwelt liegt unsere erste Freiheit. Die erste Freiheit des Menschen ist immer eine innere Freiheit, und ohne sie kann es keine wirkliche äußere Freiheit geben. Man wird sich sonst selbst immer wieder als Opfer irgendwelcher Umstände »erdenken«.

So können wir uns auch und gerade in der Krise neu (er-)finden. Wir werden offen dafür, zu erfahren, dass es immer und auf alles eine Antwort gibt. Auf diesem Weg nach innen, quasi auf der Expedition zu uns selbst, genießen wir zunehmend die Freiheit, jederzeit neu und immer angemessener unsere Gedanken, Gefühle und Bilder in Bezug auf unsere Mitmenschen und uns selbst zu gestalten. Nein, wir sind vom Leben keineswegs dazu verurteilt, in einem selbst gemachten inneren Gefängnis vor uns hin zu leiden! Es liegt an uns, den entscheidenden Schritt in die Bewusstheit zu gehen und uns selbst und die Welt so zu sehen und zu fühlen, wie es das Geburtsrecht – und die Verpflichtung – eines Menschen ist: innerlich und äußerlich frei.

Doch was hält uns zurück? Im Grunde wissen wir ja nur zu oft, was wir zu tun hätten – es ist vor allem unsere Angst, die uns daran hindert. Und diese Angst hat viele Namen: Gefühle von Scham und Peinlichkeit. Gefühle der Schwäche und des Ungenügens. Der Vergleich mit anderen. Hinter Letzterem steckt die Angst, nicht gut genug zu sein, möglicherweise sogar das Gefühl der eigenen Wertlosigkeit.

Ängste blockieren uns, sobald wir denken: Wenn ich über meine verletzten Gefühle, über meine Momente der Schwäche spreche, dann mache ich mich doch nur lächerlich, dann werde ich nicht mehr respektiert, dann bemitleiden mich die anderen, dann werde ich nicht mehr geliebt, nicht mehr anerkannt – möchte ich womöglich sogar gefürchtet werden? Denn wer liebt oder respektiert schon Schwächlinge und Verlierer? An diesem Punkt entscheidet sich sehr oft, ob wir den Mut aufbringen, ins eigene Gefühl zu gehen. Haben wir den Mut, jetzt über den Tellerrand zu schauen, über die alten Muster hinauszuwachsen? Oder verfallen wir wieder in die überkommenen Routinen des Verdrängens, der Flucht und des Weglaufens?

Viele Jahre habe ich mich in diesem Teufelskreis bewegt, bin ich vor meinen Gefühlen und nicht geklärten Problemthemen davongelaufen. Ich bin vor dem langen Schatten meines Vaters in die USA geflohen, habe sehr hart daran gearbeitet, Amerikaner zu werden und als eine Art *Walter from Wisconsin* durchzugehen, denn dort gibt es viele Deutschstämmige und tatsächlich sogar eine bekannte Kaufhauskette namens *Kohl's Departmentstore* ... 1990 war ich nur Millimeter davon entfernt, dort drüben mein Lebensglück zu finden, so glaubte ich es jedenfalls. Aber ich musste einsehen: Man kann dem eigenen Schatten nicht entkommen, bevor man nicht Licht in seine Vergangenheit gebracht hat. Sonst holt er einen erbarmungslos ein, selbst auf der anderen Seite des Atlantiks.

Lange, sehr lange vermied ich es, wo es nur ging, der Wahrheit ins Gesicht zu sehen. Erst der schier unerträgliche Schmerz meiner größten persönlichen Krise zwang mich dazu, eine finale Entscheidung über die einzig noch mögliche Alternative zu treffen: weiter so bis in den Abgrund – oder Aufbruch, Neuanfang auf neuen Wegen. Erst die Macht der Verzweiflung gab mir den Mut – oder vielleicht sollte ich besser sagen, die Freiheit –, meine verletzten Gefühle anzuschauen und anzunehmen, mit ihnen in Kontakt zu treten, »ins eigene Gefühl zu kommen«.

Doch das war nur ein erster Schritt. Ich musste lernen, über meine Gefühle zu sprechen. Ich muss zugeben, gerade für mich als Mann keine leichte Aufgabe. Welch riskante Expedition in gänzlich unerforschtes Territorium! Nur weil ein Weiter-wie-bisher nicht mehr infrage kam, wagte ich mich Schritt für Schritt voran. Ein Marsch durch Zentralgrönland im Winter wäre mir wohl zunächst leichter gefallen als die Herausforderung anzunehmen, in Gegenwart anderer Menschen Gefühle zuzulassen. Aber mit jedem Schritt schien der Boden unter meinen Füßen fester und fester zu werden.

Ich begann mich zu öffnen, ich begann zu spüren, dass ich nur sehr selten auf Kopfschütteln und viel öfter auf ein unerwartetes Maß an Verständnis und Wohlwollen stieß. Und auf neugieriges Interesse. Ich spürte zwar auch, dass sich da bisweilen noch eine Spur spöttelnder Skepsis einschlich – aber war es etwa anders zu erwarten? Auch hier entdeckte ich rasch, dass damit eigentlich nicht ich selbst gemeint war, dass es gar nicht um eine noch ungewohnte, vielleicht wirklich etwas befremdliche Manifestation meiner Individualität ging. Vielmehr spielte auch jetzt wieder ein altbekanntes Thema hinein! Ich begann nun, mich nicht mehr daran zu stören.

Das Wichtigste war, dass ich mir die Freiheit nahm, nicht nur zu lesen, zu denken und zu reden, sondern wirklich etwas zu tun – und dies auch nach außen hin erkennbar zu machen. Denn der wundeste Punkt meiner persönlichen Lebensgeschichte liegt, ich sagte es bereits, an der Schnittstelle zwischen öffentlichem und privatem Leben. Dieses spezielle Schicksal trage ich durch mein gesamtes Leben. Da kann ich machen, was ich will.

Leid und Schmerz müssen auf derselben Bühne geheilt werden, wo sie entstanden sind.

Als ich dieser an sich einfachen psychologischen Grundregel begegnete, ging mir der sprichwörtliche Kronleuchter auf. Ja, ich musste in irgendeiner Form an die Öffentlichkeit gehen. Nicht aus Ehrgeiz, Geltungsbedürfnis oder materiellen Erwägungen, sondern um die verlorene psychische Energie genau auf der Ebene heimzuholen, auf der ich sie verloren hatte. Mein Leben ist immer irgendwie »öffentlich« gewesen – und wird es bleiben. Und zwar aus einer vermeintlich untergeordneten Position heraus: als eines großen Mannes Sohn, der ich immer sein werde. Das ist und bleibt meine erste Herausforderung.

Und es wirkte! Indem ich mich zu meiner eigenen, ganz speziellen Entwicklungsaufgabe bekannte, nämlich die Haltung des vermeintlichen Opfers in die eines freien, fröhlichen Menschens zu wandeln, lernte ich Menschen kennen, die mit ganz ähnlichen Herausforderungen rangen. Aus einem ersten Schritt wurde mit der Zeit ein ganz neuer Weg. Ich spürte zunehmend, dass dort, wo der alte Schmerz saß, auch die heilenden Antworten für meine neue Zukunft liegen würden. Es wurde ein langer und manchmal steiniger Weg, voller Momente der freudigen Erkenntnis, aber auch immer wieder unterbrochen von Augenblicken des Zweifels, der Unsicherheit und der Enttäuschung. Gleichwohl: Mit der Zeit wurde mir immer deutlicher, es würde nur diesen einen Weg für mich geben.

Der Weg zu uns selbst ist mit den ersten Schritten eines Kleinkinds zu vergleichen. Wir lernen eine neue Art der Fortbewegung. Wie lange wir den Gebrauch der uns mitgegebenen, aber bisher unbenutzten Fortbewegungsmittel trainieren, wie oft wir es immer wieder versuchen müssen, unsicher und schwankend, wissen wir vorher nicht. Immer wieder fallen wir hin, schlagen uns die Knie auf. Doch der Wille zum aufrechten Gang setzt sich unweigerlich durch. Mit jedem noch so wackeligen Schritt wächst die Lust auf den nächsten!

Schließlich begann ich, nach langem Zögern und von einer gehörigen Portion Selbstzweifel geplagt, auch nicht ohne bei der Vorbereitung gehörig ins Schwitzen gekommen zu sein, erste Vorträge zum Thema Versöhnung zu halten. Freunde hatten mich immer wieder darum gebeten, und schließlich hatte ich zugesagt. Mein erster Vortrag erschien mir wie eine fast nicht zu bewältigende Prüfung für meine Gedanken über Versöhnung und inneren Frieden. Wer etwas erzählt, der muss es verstanden haben, der muss glaubwürdig und klar sein. Konnte ich das? Ich, ein Mensch, der doch selbst noch auf dem Weg war? Das Erlebnis des ersten Vortrags wirkte wie ein kleines Wunder auf mich. Ich war gezwungen, meine tief sitzende innere Sprachlosigkeit nach und nach zu überwinden. Während dieses Abends spürte ich eine neue Kraft – ja, ich konnte vor fremden Menschen das aussprechen und mit ihnen diskutieren, was mich so lange in mein »Opferland« gezwungen hatte.

Am meisten verblüffte mich die Reaktion meiner Zuhörer. Ich wusste, ich musste lernen, über meine Gefühle zu sprechen. Selbstbestimmte Lebensgestaltung ist wie Auswandern aus einem alten Leben. Ich musste lernen, mich dessen nicht zu schämen. Zu meinen Gedanken zu stehen und sie den Reaktionen, auch der Kritik anderer Menschen auszusetzen. Ich hatte mit entschiedenem Widerspruch und harter Kontroverse gerechnet, gar mit Gelächter, Spott und Hohn. Das Gegenteil trat ein. Man begegnete mir mit Interesse, man hörte mir mit hoher Konzentration zu. Und ich erntete viel Zuspruch und Gemeinschaft. Diese Bestätigung schenkte weitere Kraft und Zuversicht, den mir noch so fremden neuen Weg weiterzugehen. Der Aufbruch war geschafft, nun galt es, Schritt für Schritt in ein freieres, glücklicheres Lebensgefühl hineinzuwachsen.

Schließlich wurde ich aufgefordert, ein Buch zu schreiben. Wieder lehnte ich zunächst aus Angst und Unsicherheit ab. Nachdem ich immer mehr Ermutigung für meine Vorträge über Versöhnung erhielt, fasste ich mir ein Herz und begann mit dem Schreiben. Nach drei Jahren Arbeit konnte das Buch endlich veröffentlicht werden.

»Leben oder gelebt werden« wurde zu einem weiteren Meilenstein auf dem Weg zu mir selbst. Ein Vortrag lebt, anders als ein Buch, vom gesprochenen Wort, von der Körpersprache des Referenten, von der Stimmung im Raum. Ein Vortrag findet in der Gegenwart statt, im Hier und Jetzt. Sobald das letzte Wort gesprochen, sobald der Applaus verhallt ist, verfliegt dieser Eindruck.

Ein Buch ist ein stilles Medium, das aber sehr nachhaltig wirken kann. Es hat einen langen Hebel, es begleitet den Verfasser für lange Zeit, womöglich sein ganzes weiteres Leben. Es wird zum Maßstab und zum Prüfstein für ihn. Der Kalauer »Wer schreibt, der bleibt« begann für mich eine ganz neue Bedeutung anzunehmen, denn ein Buch, gerade über sensible und emotionale Themen, muss einem hohen Qualitätsanspruch Rechnung tragen. Ich entdeckte eine neue Dimension von Verbindlichkeit, denn gerade über persönliche Themen zu schreiben verlangt dem Autor Ehrlichkeit, Stehvermögen und die Bereitschaft ab, sich auch in aller Öffentlichkeit einigen für ihn nicht immer angenehmen Fragen zu stellen. Schreiben in diesem Sinne kann ein resoluter Erzieher des eigenen Denkens und Fühlens sein.

Jeder Weg beginnt mit dem ersten Schritt, und sei er noch so klein. Vielleicht ist dies auch schon der schwerste Schritt. Ist er aber einmal gemacht, kann eine wundervolle Dynamik entstehen. Ganz gleich, was das für ein Schritt ist – ob man etwas schreibt oder etwas ganz anderes macht. Es muss halt zu einem selbst passen, das ist alles. Nur machen muss man es.

* * *

Manche Menschen begleiten uns das ganze Leben. Eckhard Seeber, genannt Ecki, ist ein solcher Mensch für mich. Jahrzehntelang war er der Fahrer meines Vaters – offiziell. Inoffiziell war er weit mehr. Ecki war Helmut Kohls private Geheimwaffe in allen Lebenslagen, sein Vertrauter und Mitkämpfer in guten, wie in schweren Zeiten. Ecki und seine Frau Hilde haben alle Höhen und Tiefen bei uns zu Hause miterlebt. Er fuhr »den Chef« geschätzte fünf Millionen Kilometer unfallfrei überallhin. Hilde wirkte als unermüdliche Haushälterin, und darüber hinaus stand sie zu Mutter in ähnlichem Verhältnis, wie Ecki zu Vater. Die Seebers taten unendlich viel mehr für die Kohls, als sie offiziell gemusst hätten. Meine Eltern dankten es ihnen durch persönliche Zuwendung, unbedingtes Vertrauen – und durch praktische Solidarität, etwa indem Mutter den beiden mit Rat und Tat bei Planung und Bau ihres eigenen Hauses in Oggersheim zur Seite stand. Mit einem Wort: Die Seebers waren ein nicht wegzudenkender Teil meiner alten Familie.

Wenn Ecki meinen Vater auf so gut wie allen Reisen im In- und Ausland begleitete, war er verantwortlich für das private Gepäck und kümmerte sich darum, dass Vater mit allem versorgt war, was er so brauchte, ohne dass es auf der Agenda stand. Ob der frische Anzug nach Eier- oder Tomatenattacken im wildesten Wahlkampfgetümmel oder die kalte Flasche Sekt in Momenten großen Triumphes, Ecki stellte sicher, dass das praktische Leben im Hintergrund der Politikmaschine reibungslos funktionierte. Und dass nach einem überlangen Arbeitstag in der Fremde ein Mindestmaß an Komfort und Wärme »seinen Chef« erwartete. Ecki war im besten Sinne global einsatzbereit und verwendbar: ein schöner Beweis, dass Freundlichkeit, Verbindlichkeit und Korrektheit auch ohne Fremdsprachenkenntnisse überall geschätzt und respektiert werden, egal ob in Ostsibirien, beim japanischen Kaiser, in Zentralafrika oder im Weißen Haus. In der klassischen weiblichen Domäne galt das analog für seine Frau. Sie war es, die meine Mutter am Morgen nach ihrem Tod in meinem ehemaligen Jugendzimmer im ersten Stock unseres Hauses entdeckte.

Wer Ecki heute in seinem Reihenhäuschen in Oggersheim besucht, kann dort seine wohl einzigartige Sammlung mit Bildern und Erinnerungen aus diesen Jahrzehnten bewundern, ein wahres Museum der Zeitgeschichte. Egal ob Mittérrand, der Papst oder Gorbatschow, so gut wie alle Mächtigen der damaligen Zeit kannten und schätzten Ecki. Bill Clinton schrieb eine besonders schöne Widmung, extra in deutscher Sprache, für ein gemeinsames Foto: »Für Herrn Eckhard Seeber von Helmut Kohls Freund«. Ecki wusste, dass auch er sich als Freund und Vertrauter meines Vaters betrachten durfte. Und er erwies sich des ihm erwiesenen Vertrauens stets als würdig. Er und mein Vater hatten zwar völlig unterschiedliche Positionen im gesellschaftlichen Leben inne, auf der menschlichen Ebene jedoch waren sie einander sehr verbunden.

Umso größer war Eckis Schock, als er urplötzlich von der neuen Frau meines Vaters »vor die Tür gesetzt wurde«. Mit diesem Ausdruck beschrieb er selbst mir, was geschehen war. Im Februar 2008, wenige Wochen nach dem schweren Unfall meines Vaters, wies sie ihn an, den Dienstwagen in der Garage abzustellen und die Schlüssel ins Haus zu legen. Aus! Das war es, das Ende einer 46-jährigen Dienstfahrt, eines Lebens im Einsatz für meinen Vater und unsere Familie. Für ihn hieß dies: Der Mohr hatte seine Schuldigkeit getan, der Mohr konnte gehen. Er war entsetzt und erschüttert. Wer will es ihm verdenken? Dank hätte er nicht erwartet, eine Begründung dagegen schon – aber so etwas? In dem Welt- und Menschenbild von einem, wie Ecki es ist, gibt es für ein solches Verhalten keinen Ort. Es kommt schlicht nicht vor. Und es verletzte ihn tief. Zumal mein Vater ihm noch wenige Monate zuvor versichert hatte, dass er ihn nach der Pensionierung als Angestellter des Bundes privat weiterbeschäftigen wolle. An diesem Tag jedoch, als Ecki mir nichts dir nichts »vor die Tür gesetzt« wurde, zerbrach etwas in ihm. Menschen von altem Schrot und Korn wie er können nicht anders, denn es als Schande empfinden, wenn sie entlassen werden. Ihr Selbstwertgefühl gründet in einem ganz altmodischen, unverbrüchlichen Gefühl für Anstand und Pflicht. Sie haben sich nie etwas zuschulden kommen lassen und keiner Fliege etwas zuleide getan. Sondern immer unbedingten Einsatzwillen und Verwendbarkeit bis an die eigenen Grenzen bewiesen – nicht selten sogar darüber hinaus.

Und nun das!

Anfänglich suchte Ecki die Gründe dieser Katastrophe bei sich selbst. Er ist nun mal so. War er vielleicht selbst schuld? Hatte er Fehler gemacht? Was war falsch gelaufen? Beruhte alles, wofür er gearbeitet und woran er geglaubt hatte, auf einer Täuschung? War am Ende alles sinn- und wertlos? Und immer wieder der nagende Gedanke: »Du bist vielleicht nützlich, aber letztlich nicht wichtig, nicht wertvoll.« Diese quälenden Fragen führten zu schweren Selbstzweifeln, und er wurde darüber sogar körperlich krank. Schlafstörungen, Bluthochdruck, Magenprobleme. Sein Körper litt mit. Mehrere Jahre ging das so.

Irgendwann fasste ich mir ein Herz. Ich konnte es einfach nicht mehr mit ansehen, wie er immer weiter schwand, körperlich und seelisch. Ich wusste, was ihm helfen würde, zumindest einen ersten Schritt aus diesem Loch der Resignation, heraus zu machen. Denn ich begann es gerade selbst zu erfahren, was es bewirken kann, wenn man sich dem Kern der Angelegenheit stellt und den Hebel dort auch ansetzt, statt sich in quälenden Selbstzweifeln zu verzehren.

Leid und Schmerz müssen auf derselben Bühne geheilt werden, wo sie entstanden sind.

Was ist es, das einem Menschen wie dem wackeren Ecki am meisten zusetzt, wenn er, der alles gab, was er zu geben hat, seine Arbeit auf so unwürdige Weise verliert? Es ist das Gefühl der Scham. Ein solcher Mensch schämt sich dafür, dass er nicht mehr gebraucht wird. Und für Ecki war es doppelt schlimm, denn es kam für ihn einer öffentlichen Demütigung gleich. Innerhalb kurzer Zeit wusste es nicht nur ganz Oggersheim, sondern jeder, der es wissen wollte. Auf einmal stand Ecki im Mittelpunkt. Und dann auf diese Art und Weise. Was für eine Bloßstellung! Ich spürte, mein Freund wäre vor Scham am liebsten im Boden versunken.

Er musste eine Lösung finden, denn ein Weiter-wie-bisher hätte nur zu noch mehr Schmerz geführt. Ich nutzte die Gelegenheit auch dazu, mit einem lebenserfahrenen Menschen wie ihm über meine eigenen Ideen zu diskutieren, vor allem darüber, was Versöhnung bewirken kann. Ecki wurde dabei – ganz ohne dass er es wollte – zu einem Lehrmeister für mich. Seine Fähigkeit, die Dinge auf den Punkt zu bringen, auch schwierige

Themen in einfachen Worten zu beschreiben und dabei immer »den Ball flach zu halten«, wie er es gerne ausdrückte, imponierte mir.

So waren diese Begegnungen für beide von Nutzen: für mich, indem ich mir über meine Ideen klarer wurde, und für ihn, indem er sich von seinem schwierigen Erlebnis ein wenig zu distanzieren begann. Nach der Veröffentlichung meines Buches versorgte er mich immer wieder mit Rückmeldungen von Menschen aus meinem alten Umfeld. Eines Tages kam er mit fast 100 Buchexemplaren zu mir ins Büro, die ich signieren sollte – mit persönlicher Widmung für Menschen, die ich teilweise schon seit Jahrzehnten kannte. Was als private Signierstunde begann, geriet für uns beide zu einer Zeitreise in unsere gemeinsame Vergangenheit. Fast jeder Name brachte Erinnerungen zurück. »Mensch, erinnerst du dich noch?« oder »Ach Gott, wie lange ist das schon wieder her ...«

Und da war er wieder wie mit Händen zu greifen, dieser Schmerz und dieser Druck bei ihm. Und jetzt ging ich den Schritt, den ich mir vorgenommen hatte. Ich sagte zu ihm:

»Ecki, die Vergangenheit ist vorbei. Du hast keine Schuld. Jetzt geht es um dich, um deine Freiheit, um dein Glück, deine Unabhängigkeit. Deshalb musst du sprechen – offen und hörbar. Du musst deine Seite der Geschichte erzählen, du darfst dich nicht länger verkriechen. Raus aus dem Opferland. Sprich laut und öffentlich. Du siehst ja an mir, dass das geht und wie befreiend das ist.«

Er schaute mich unsicher an und meinte fast bedrückt:

»Ja, du kannst ein Buch schreiben. Doch ich kann das nicht. Wie soll ich es denn machen? Ich kann das doch nicht.«

Natürlich gab es einen Weg! Ecki ging ihn. Und er tat es ohne jeden weiteren Anschub von mir. Über ein Jahr später, ich hatte unser Gespräch fast schon vergessen, rief eine leitende

Redakteurin von der Zeitschrift DIE BUNTE bei mir an. Sie fragte, ob ich zu den Äußerungen von Eckhard Seeber im nächsten Heft Stellung nehmen wolle. Ich war überrascht und fragte zurück, welche Äußerungen sie meinte. So erfuhr ich, dass Ecki und Hilde ein großes Interview gegeben hatten, ganze neun Seiten lang! Ich war sprachlos und glücklich zugleich. »Er hat es getan, wow, super«, so mein erster Gedanke, und es lief mir kalt den Rücken hinunter.

Meine Entscheidung war schnell gefällt: Ich hatte dazu nichts zu sagen. Jetzt hatten Ecki und Hilde Seeber das Wort, niemand sonst. Als ich das Heft schließlich in Händen hielt, freute ich mich sehr. Sie waren aufgestanden, sie hatten gesprochen! Ohne Zorn, ohne Rache, aber auch ohne Beschönigungen oder falsche Kompromisse. Sie hatten in ihrer Sache öffentlich gesprochen und sich würdig präsentiert.

In Oggersheim und überall im alten Umfeld meiner Eltern war der Artikel eine kleine Sensation. Viele Menschen, gerade auch alte Weggefährten meiner Eltern, beglückwünschten die Seebers für ihren Mut und ihr Augenmaß. Sie hatten sich im wahrsten Sinne des Wortes »freigesprochen«, so der allgemeine Tenor.

Danach gab es Post für Ecki vom Anwalt meines Vaters. Juristischer Druck sollte ausgeübt werden. Letztlich blieb es bei vagen Ankündigungen. Und was hätte auch passieren können oder sollen? Die Wahrheit ist dem Menschen zumutbar, besonders wenn sie so korrekt und präzise ausgesprochen wird wie in diesem Fall.

Versöhnung hat viele Gesichter. Das Interview der Seebers ist eines davon. Was lange undenkbar schien, wurde insbesondere für Ecki zum Neubeginn. Als ich ihn in den Weihnachtsfeiertagen 2012 wieder einmal besuchte, sprachen wir auch über meine Schreibfortschritte für dieses Buch. Ich fragte ihn, ob ich diese Geschichte darin aufnehmen dürfe. Er schaute mich an und lächelte: »Klar, schließlich haben wir das zusammen erlebt.«

DER WEG
DER VERSÖHNUNG

Ein Atemholen der Seele

*Man muss Frieden machen,
solange man noch kämpfen kann.*
Armenisches Sprichwort

Warum wähle ich gerade dieses Zitat als Leitmotiv bei meinem Versuch, den Weg der Versöhnung praktisch zu beschreiben? Erstens, weil es unser Ziel ist, Frieden mit der Vergangenheit zu machen, damit seelischer Schmerz seine Macht über uns verliert. Zweitens, weil der Weg dorthin nicht nur Kraft kostet, sondern auch Konflikte mit sich bringt, und in den seltensten Fällen ausschließlich innere Konflikte.

Man erkennt, hier geht es nicht um eine Spielerei, und doch ist eine Portion spielerische Kreativität gefragt. Zwar tragen die typischen Auslöser, warum sich jemand dieser Herausforderung stellt, die Namen von Lasten, die das Leben dem Menschen auferlegt: Tod eines geliebten Menschen, Scheidung, Trennung, Verrat, wiederholte und tiefe Enttäuschung, schwere Krankheit und tragische Unfälle. So unterschiedlich diese Prüfungen auch sind und so sehr sie uns aus den Angeln zu heben scheinen, ist ihnen doch eines gemeinsam: Sie können zu hochkarätigen Chancen werden, um das Leben zum Positiven zu wenden. Und die gilt es, wahrzunehmen und intuitiv zu nutzen. Innere Öffnung beginnt in dem Moment, da wir spüren, dass es keinen weiteren Sinn mehr hat, unentwegt vor der Wahrheit fliehen zu wollen. Oder sich in bohrende Fragen zu verbeißen: »Warum gerade ich?« – »Ist das noch fair?« – »Hilft mir denn keiner?« – Dahinter stehen unbewusste Glaubensstrukturen, eine Befangenheit in den Denkkategorien von »Gerechtigkeit« und »Ungerechtigkeit«. Sie enden letztlich immer in Fragen, die wir nicht zu beantworten vermögen. Dies ist der direkte, sichere Weg ins »Opferland«, wie ich es nenne. Solange wir uns als Opfer anderer Menschen oder der Umstände empfinden, können wir nicht frei sein.

* * *

Zur koreanischen Lebensart gehört es, sich immer wieder für einige Tage – oder auch länger – in ein buddhistisches Kloster zurückzuziehen. Gerade viel beschäftigte Menschen nutzen diese Gelegenheit gern, um angesichts eines aufreibenden beruflichen Alltags wieder in ihre Mitte zurückzufinden. Als meine Frau mich während einer unserer geschäftlichen Aufenthalte in ihrer Heimat zu einem *temple stay* einlud, war ich Feuer und Flamme. Es erschien mir als eine goldene Gelegenheit, für ein paar Tage die Seele baumeln zu lassen und gleichzeitig ein Stück authentischer Kultur ihres Heimatlands kennenzulernen.

Beim Begrüßungsgespräch mit dem Abt herrschten feierliche Stille und Vorfreude. Ich war hier der einzige Ausländer. Jeder stellte sich vor. Als die Reihe an mich kam und ich meinen Namen genannt hatte, fragte mich der Abt sogleich, ob ich aus Deutschland komme. Ich bejahte und bemerkte, dass sich ein bekanntes Gefühl in mir regte, weil ich ahnte, was jetzt folgen würde. Der wirklich ehrwürdige Mann schaute mich sehr freundlich und offen an und sprach mit einem Lächeln:

»Dann bist du ein Sohn von Helmut Kohl, oder?«

So etwas! Wie kommt der denn da drauf? Glaubt der etwa, es gibt nur eine einzige Familie dieses Namens? Da bin ich über 10 000 Kilometer weit weg von zu Hause, und sogar im Kloster werde ich als Erstes auf mein Spezialthema angesprochen! Das gibt's doch nicht!

In diesem Moment fragte ich mich mit einem Teil meiner selbst, ob ich meinen Ohren trauen durfte. Ein anderer war schon weiter – und kurz vor dem Explodieren. Noch ein anderer Teil rang um Fassung. Es war mir unmöglich, ruhig und gelassen zu bleiben. Ich presste ein gequältes »Yes« hervor und spürte, wie alle Vorfreude und Leichtigkeit mich verließen. Nur mit äußerster Kraft gelang es mir, den Raum nicht spontan zu verlassen und bis zum Ende der Begrüßung durchzuhalten. Danach lief ich in die entfernteste Ecke des Klosters und setzte mich auf eine Steinbank.

Mir war zum Heulen zumute, ich war unglaublich frustriert. Gibt es denn keinen Ort, wohin mein Name mich nicht verfolgt? So pochte es in meinem wunden Herzen. Selbstmitleid überkam mich. Da lief sie schon wieder, die alte Platte, aufgelegt wie von Geisterhand: der arme Walter, Walter im Opferland. Ja, auch das sah ich jetzt, und deshalb war ich bei aller Trübsal auch wütend auf mich selbst.

Der Abt war ganz offensichtlich ein friedlicher und wohlmeinender Mann. Warum konnte ich mit seiner Frage nicht souverän und gelassen umgehen? Warum machte sie mich so betroffen, und warum wurde ich immer wieder zum *Opfer meiner selbst*? Was sollte jetzt aus unserer schönen gemeinsamen Unternehmung werden, auf die wir uns so gefreut hatten? Etwa eine einzige Qual? Neben dieser Angst war da aber auch ein Kopfschütteln über mich selbst: Es durfte doch nicht sein, dass eine solch einfache, gar nicht einmal böse gemeinte Frage mich derartig aus dem Gleichgewicht brachte. Ich befand mich zwischen Baum und Borke und fühlte mich einfach nur elend.

Nach einer Weile kam meine Frau zu mir. Wir begannen ein Gespräch, und sie konfrontierte mich mit meiner Reaktion. Es war kein angenehmes Gespräch für mich, denn auch wenn sie mich verstand, so meinte sie doch klipp und klar: Irgendwann muss einmal Schluss sein mit diesem Thema. Und ich wusste, dass sie damit recht hatte, aber ich war an diesem Tag nicht imstande, mir einzugestehen, dass es höchste Zeit war, wirklich Schluss damit zu machen.

Wir diskutierten erregt, aber das Gespräch führte ins Nichts. Schließlich ließ sie mich auf meiner Bank sitzen, um am nächsten Programmpunkt teilzunehmen. Frustriert starrte ich in die schöne Landschaft, blind und taub für all das Gute, das mir geboten wurde.

Doch die Ruhe des Ortes begann ihre Wirkung zu tun. Allmählich verrauchte mein Zorn, und ich begann mich zu fragen: Warum hat das Thema »Sohn vom Kohl« solche Macht über dich? Warum musst du immer wieder verletzt reagieren? Und dich am Ende darüber ärgern, dass du dich geärgert hast. Langsam begann die Nachschau des Vorfalls, jetzt, da der erste Qualm sich verzogen hatte. Und schließlich setzte ein gewisser Galgenhumor ein: Wenn ich selbst hier noch der Sohn vom Kohl bin, in dieser Hochburg buddhistischer Weltentrücktheit, dann kann ich mich am besten gleich begraben lassen. Dieser Gedanke schuf Distanz und ließ mich aufatmen, er schien mir zuzurufen: Walter, akzeptiere doch einfach, dass du nicht davonlaufen kannst! Schließlich kehrte ich zur Gruppe zurück und nahm wieder an den Aktivitäten teil.

Abends, als ich im Männerschlafsaal still auf meiner Matte lag, kehrten die Gedanken immer wieder an dieselbe Stelle zurück. Wie in einem Film lief alles nochmals vor meinem inneren Auge ab. Ich kam mir vor, als ob ich auf einer DVD die gleichen Ausschnitte immer wieder ansah und hörte. Mit jedem Durchlauf, so schien mir, gewann ich ein wenig mehr Abstand, entfernte ich mich emotional ein Stück weiter von den Geschehnissen des Tages. So wurde ich mehr und mehr zum Zuschauer meines inneren Erlebens, als der Abt mich ansprach, als ich mich beleidigt zurückzog, dann mit meiner Frau diskutierte und schließlich allein auf der Steinbank vor mich hin haderte.

Da kam mir ein ganz neuer Gedanke! Was wäre, wenn ich anstatt mehrerer Stunden nur noch wenige Momente bräuchte, um mit einer solchen Situation klarzukommen? Was wäre, wenn diese Routinefahrt auf meiner inneren Geisterbahn aus anfänglichem Zorn, Empörung, Opferland und anschließender Beruhigung sich auf einige Millisekunden komprimieren ließe? Was wäre, wenn ich gleich so fühlen und reagieren könnte wie jetzt, mit dem Abstand von mehr als zehn Stunden und erst nach mühsamer, stundenlanger Nachschau? Und wer oder was hielt mich eigentlich davon ab? Doch nur ich selbst.

Sobald uns die berühmte Laus über die Leber läuft, hindert uns – außer uns selbst – wirklich nichts und niemand, nach innen hin zu fragen: Muss ich mich da jetzt wirklich wieder so hineinsteigern? Muss ich jetzt explodieren, mich aufregen, aggressiv werden, in den Kampfmodus einsteigen? Oder, wenn in der gegebenen Situation Flucht mein Mittel der (unbewussten) Wahl ist: Muss ich jetzt wirklich davonlaufen, fliehen, mich verstecken und mich kleinmachen?

Ohne es voll und ganz zu realisieren, machte ich, zu nachtschlafener Zeit und fernab der Heimat noch lange wach liegend, einen unumkehrbaren Schritt aus meiner Sackgasse heraus.

* * *

Es war keineswegs das erste Mal, dass mich wegen meines persönlichen »Themas Nr. 1« nächtliches Grübeln überfiel. Doch im Männerschlafsaal dieses buddhistischen Klosters im hintersten Korea, zwischen lauter schnarchenden Seminarteilnehmern, die wohl alle nur froh waren, einmal richtig früh ins Bett geschickt worden zu sein, war es etwas anderes. Ich entschloss mich, dem Rat meiner Frau zu folgen, koste es, was es wolle. Ja, es musste endlich Schluss sein mit diesem Thema, kein Einsatz durfte mir dafür zu hoch sein. Wie viele Jahre hatte ich mit mir gekämpft, um in gewissen Momenten des Außer-mir-Seins gelassen zu bleiben. Ich hatte lange schon gewusst, es musste sein – ich musste mich davon befreien, entweder in die seelische Explosion oder Implosion zu gehen. Irgendwann musste ich es schaffen, sonst würde ich weiterhin gelebt werden, statt endlich zu beginnen, wirklich zu leben.

Doch mir hatte die Kraft gefehlt.

Jetzt begriff ich endlich: Alles, was man hierfür braucht, ist Aufmerksamkeit und ein wirklich fester Entschluss. Er muss so fest sein, dass man im entscheidenden Moment unnachgiebig gegenüber sich selbst bleibt. Unsere gewöhnliche psychische Konstitution ist derart beschaffen, dass wir uns in Sekundenbruchteilen verlieren können. Nur dank unserer inneren Kraft ist es möglich, auch in Druck- und Krisensituationen genügend Selbst-Erinnerung zu mobilisieren, um den Ausstieg aus dem Muster zu finden. Nur dieses spontane Selbst-Gewahrwerden während des akuten psychischen Notstands setzt genügend Energie frei, um als Unterbrecher ewig gleicher, eingeschliffener Routinen dienen zu können. Jener Muster eben, die mich daran hindern, in innerem Frieden zu leben. Jetzt ist die Gelegenheit, und sei es nur für einen kurzen Augenblick, aus dem inneren Kreisverkehr auszusteigen.

Genau dies war der Moment, an dem ich seinerzeit noch scheiterte. Hätte ich es geschafft, eine bewusste Unterbrechung meiner inneren Abläufe hinzubekommen, als der Abt mich ansprach, wäre mir eine große Chance zuteilgeworden, für einmal auch mein äußeres Verhalten zu ändern. Es wäre vielleicht schon ein Durchbruch gewesen. Der Impuls für den *circuit breaker* kommt aus der bewussten Reflexion, aus vorheriger gründlicher Überlegung, seine Wirkung aber entfaltet er in den Gefühlen, und deshalb hat er die Macht, eine innere *und* äußere Umkehr zu bewirken. Dank dieses Zusammenspiels von Kopf und Bauch beweisen wir Moral, wie Sportler, die im Wettkampf plötzlich »zweite Luft« bekommen, weil sie sich a) gut vorbereitet haben und sich b) im entscheidenden Moment zu motivieren vermögen.

So kann es gelingen, wenn auch womöglich erst nach vielen vergeblichen Anläufen, den automatischen Ablauf anzuhalten. Das ist ein besonderer Moment, oft begleitet von großer Verblüffung. War da etwas …? Um mich herum ändert sich nichts, der Bär mag weiter toben – aber in mir, da entsteht eine Pause … Es ist dieses Atemholen der Seele – die innere Uhr scheint angehalten, und so ist es auch: Unsere psychische Mechanik kommt zum Stillstand, zugunsten eines zeitlosen Moments inneren Friedens. Er gibt uns neue Kraft, um es beim nächsten Mal wieder zu versuchen, und noch besser – bis wir es schließlich geschafft haben, ganz auszusteigen.

In kleinen Fortschritten dieser Art verbirgt sich ein großer

Schatz: nichts weniger als die Chance für einen neuen Lebensansatz. Für erweiterte Perspektiven, eine Meinungsbildung ohne Vorurteile und letztlich für eine harmonischere und friedlichere Gefühlswelt, in deren Mitte ich leben möchte.

Doch dorthin ist es unter Umständen noch ein langer Weg. Ein Weg, auf dem wir nicht nur die Spitze des Eisbergs bearbeiten müssen, also jene emotionalen Extremsituationen, in denen wir entweder zum Gegenangriff übergehen oder uns zusammenfalten lassen. Sondern ein Weg der Konstanz und Nachhaltigkeit, um wirklich in die Tiefe zu gehen. Aber dafür brauchen wir etwas, das die Mönche in jenem Kloster in ihrer Sprache und ihrem psychologischen Bezugssystem *upaya* nannten. Es geht mir hier nicht darum, was dieser Begriff im buddhistischen Sinne bedeutet. Ich habe ihn mir nur deshalb gemerkt, weil er etwas besagt, das auch im Kontext meines eigenen Versöhnungswegs Sinn macht: »geschicktes Handeln dank nützlicher Mittel«.

Darum wird es in den folgenden Kapiteln gehen. Denn um Konstanz und Nachhaltigkeit des Versöhnungsprozesses zu gewährleisten, ist geschicktes Handeln gefragt, dank nützlicher Mittel.

Erster Schritt: Was ist mein Anliegen?

Nicht weit von unserer Wohnung gibt es einen großen Kreisverkehr, den Königsteiner Kreisel. Hier treffen zwei vielbefahrene Bundesstraßen und eine kleinere Straße aufeinander. Während der Stoßzeiten ist dieser Knotenpunkt für seine Rückstaus berüchtigt. Nach erfolgreichen Spielen der deutschen Fußballnationalmannschaft auf Welt- oder Europameisterschaften erlangt er bei den Fußballfans der Region plötzliche Beliebtheit, weil sie sich dort alle zu improvisierten Jubelfeiern treffen. Dadurch bricht dann der Verkehr vollkommen zusammen, und als normaler Autofahrer hat man die Wahl, sich entweder zu ärgern oder einfach mitzujubeln.

Ich bin wohl schon Tausende Male durch diesen Kreisel gefahren. Das große Verkehrsschild, das einen vorher auf die verschiedenen Ausfahrten hinweist, brauche ich schon lange nicht mehr zu beachten. Ich kenne alle Ausfahrten wie im Schlaf.

Foto: Wolfgang Sauer, Königstein/Taunus

Im Herbst 2012 ging ich einmal sehr nachdenklich nach Hause, weil ich angestrengt nach einem Bild suchte, das plastisch ausdrücken sollte, dass Versöhnung keine Endstation kennt. Versöhnung ist ein ständiger Prozess, der immer wieder neu gestaltet werden muss. Das Leben sorgt wieder und wieder für Chancen, um ihn in Gang zu halten, aber naturgemäß können diese auch zu verpassten Möglichkeiten werden, wenn man sie nicht zu nutzen versteht. Schließlich gibt es ja auch immer noch die Reaktionsmöglichkeiten Kampf und Flucht.

Die Lösung meines Problems ereilte mich als eine Art Gedankenblitz bei der Überquerung der Bundesstraße 8, nahe unserer Wohnung. Aus dem Augenwinkel hatte ich, wie immer ziemlich desinteressiert, den Vorwegweiser zum Kreisverkehr gesehen. Doch diesmal war diese rudimentäre Wahrnehmung von einem Gedanken gefolgt:

Das Leben ist wie ein Kreisverkehr.

Ich liebe einfache Sätze dieser Art, die als Binsenweisheiten daherkommen, unter Umständen aber doch mehr aussagen als ein langer Vortrag. Natürlich! Ganz klar! Warum habe ich das nicht gleich gesehen? Ich schlug mir innerlich gegen die Stirn. Wir fahren unter Umständen unser ganzes Leben lang im Kreis herum, ohne die richtige Abfahrt zu nehmen, auch wenn wir tagtäglich die Möglichkeit haben. Auch auf dem Weg der Versöhnung gilt es, in den richtigen Weg einzubiegen, und möglichst auch noch im richtigen Moment.

Jedes Mal, wenn wir mit einer Situation konfrontiert werden, die uns belastet, treffen wir eine Entscheidung. Selbst wenn wir uns nicht entscheiden, ist das so, denn keine Entscheidung ist auch eine Entscheidung. Und zwar meistens eine Entscheidung für die Unfreiheit. Denn wenn wir gar nichts tun, geht alles so Weiter-wie-bisher, wir drehen uns im Kreis, so als ob wir endlose Runden im Kreisverkehr drehen würden, immer und immer wieder rundherum.

Sobald wir abbiegen wollen, stehen uns drei Ausfahrten zur Verfügung: Kampf, Flucht oder Versöhnung. Auch jetzt müssen wir uns entscheiden.

Mein »innerer Kreisverkehr«

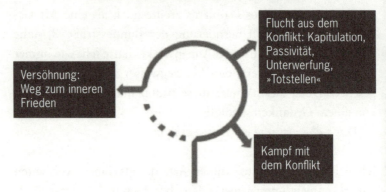

Welche Ausfahrt wähle ich?

Manchmal sind Kampf oder Flucht sogar richtig, sind klügere Antworten als Versöhnung um jeden Preis. Das Leben ist immer stärker als wir selbst, wir können ihm niemals unseren Willen aufzwingen, auch nicht unseren Willen zur Versöhnung. Es geht doch nur um eines: bewusste, überlegte und verantwortliche Entscheidungen zu treffen. Wie soll es also nun sein: Will ich

– mich weiter im Kreis drehen?
– kämpfen?
– fliehen?
– oder inneren Frieden finden, mich versöhnen?

Versöhnung ist in meinen Augen gerade bei schweren biografischen Themen zumeist die beste Option. Doch stets liegt die Entscheidung bei uns. Niemand kann und soll zur Versöhnung gezwungen werden, denn Versöhnung beginnt und wächst immer aus der freien Entscheidung unseres Herzens.

Versöhnung ist ein Mittel zur eigenen Lebensgestaltung, mit dem Ziel größerer Lebensfreude und wirklichen Glücks. Sie kann uns helfen, große Wackersteine im Rucksack unseres Lebens von Energiefressern in Energiequellen zu wandeln.

Und nun ganz konkret: Was ist der erste Schritt auf dem Weg? Wo beginne ich? Natürlich bei »meinem Thema«, egal wie es heißen mag. Da muss man nicht lange forschen, schließlich weiß man selbst am besten, worum es sich handelt. Eben die Sache, mit der ich nicht klarkomme, die mich belastet, die mich immer wieder beschäftigt und meine Kräfte lähmt. Die ich endlich angehen sollte, wenn ich tatsächlich so leben will, wie ich es wünsche – und, das sei hier vorausgesetzt: wie ich es auch verdiene!

Doch die Sache hat einen Haken. »Mein Thema« steckt voller Tricks und Finessen. Es ist ja nicht umsonst auch genau das, womit ich am liebsten nichts zu tun haben würde. Worum ich bisher mit allen zur Verfügung stehenden Mitteln – bewusst und unbewusst – herumgeschlichen bin, wie die sprichwörtliche Katze um den heißen Brei. Womöglich mein Leben lang. Wie also verschaffe ich mir den Zugang? Durch Bewusstwerdung, so viel ist klar, nur ist es nicht empfehlenswert, auf ein plötzliches Aha-Erlebnis zu warten. Bis dieses kommt – wenn es denn kommt – habe ich mein Leben vielleicht schon verlebt …

Um den ersten Schritt zu machen, muss man wissen, wohin dieser Schritt gehen soll. Das nützliche Mittel dafür nenne ich »gedankliche Reduktion«. Man könnte auch sagen, »Konzentration aufs Wesentliche«. Denn wir können uns nicht mit allen

Themen unseres Lebens befassen, oft sind es deren viel zu viele. Es gilt, sich Stück um Stück mit dem eigenen Rucksack zu beschäftigen, Stein für Stein. Erst wenn »das Thema« exakt und konkret benannt ist, können wir die Arbeit an der Wurzel unserer Probleme beginnen.

Dazu frage ich mich: Worum geht es mir genau? Ein eindeutiger und klarer Satz muss gefunden werden, in einer absolut unmissverständlichen, knappen und präzisen Formulierung. Ein solcher Satz beginnt am besten mit einem einfachen »Ich will …« und endet mit einem konkreten Ziel. Wohlgemerkt: Es ist unabdingbar, dass die Formulierung nicht nur klar und kurz ist, sondern dass sie auch ein ebenso deutliches, genau definiertes Anliegen enthält. Zu diesem Zweck befindet sich im Anhang des Buches eine Hilfe in Form eines Arbeitsblatts und praktische Hinweise zum Umgang mit dem Arbeitsblatt.

Mein Anliegen muss zudem vollständig in meiner eigenen Gestaltungshoheit liegen. Es darf unter keinen Umständen vom Wohlwollen anderer Menschen oder einer Änderung der Umstände abhängen. Und es sollte – so mein Vorschlag – bei der Ausformulierung nicht mehr als maximal zehn Wörter umfassen. Nochmals: Es muss ein erreichbares Ziel sein, etwas, das ich mir zutrauen kann – mir ganz allein, wenn es sein muss. Keine Utopie, kein Wunschdenken, sondern etwas, das wirklich auch in meinen Möglichkeiten liegt.

In meinem eigenen Fall, in Bezug auf meine belastenden Erfahrungen mit Terrorismus, habe ich mein Anliegen in neun Wörtern ausgedrückt:

Ich will endlich meinen Frieden mit meinen Terrorismuserfahrungen finden.

Dieser scheinbar so einfache Satz barg für mich allerdings eine erhebliche Tragweite. Einerseits definierte er das Ziel (meinen Frieden) und legte die Inhalte (meine Terrorismuserfahrungen) meines Anliegens fest. Andererseits enthielt er zugleich auch eine Aussage darüber, was ich *nicht* erreichen wollte, nämlich ganz bestimmte Reaktionen meiner Umwelt. Denn das hätte wieder nur äußeren Kampf bedeutet und sicher keinen inneren Frieden gebracht. Indem wir sagen, was wir wollen, sagen wir stets auch, was wir *nicht* wollen, allerdings meistens, ohne uns dies bewusst zu machen. Daher sind eine sorgfältige Formulierung und ein gründliches Durchdenken des jeweiligen Anliegens von größter Bedeutung. Sie sind für das Gelingen des psychischen Prozesses, in den wir hier einsteigen, entscheidend.

Denn in dem Wort »Frieden« steckt für mich auch der bewusste Verzicht auf jegliche Bekundung von Mitgefühl oder gar Mitleid sowie auf Begründungen, warum alles so und nicht anders kommen musste, und – vor allem – auf jede Form von Wiedergutmachung oder gar Rache. All das ist nun unwichtig geworden, weil es entweder nicht hilfreich oder utopisch oder gar beides wäre. Durch den aufrichtigen und erklärten Wunsch nach Frieden befreie ich mich – zunächst von der Intention her – von allen Aspekten, bei denen ich auf die Mitarbeit oder Hilfe anderer Menschen oder Institutionen angewiesen wäre. Wenn ein Anliegen in dieser Art formuliert wird, dann liegen alle Antworten in uns selbst.

An dieser Stelle muss man wirklich ehrlich gegenüber sich selbst sein: Alles, was meinem Anliegen und dem damit verbundenen Ziel nicht dient, gehört nach einer kritischen Prüfung über Bord. Sicher: Mitleid und Verständnis anderer Menschen tun uns im ersten Moment gut, denn sie lindern inneren Schmerz, wie kühlende Salben den physischen Schmerz bei einer Verstauchung. Doch in beiden Fällen erreicht die Wirkung nur die Symptome, nicht aber die Ursachen. Sosehr wir uns das auch wünschen würden: Das »Mitfühlen« anderer Menschen hilft uns hier nicht wirklich weiter. Im Gegenteil, es kann uns sogar von unserem Weg abbringen.

Der Weg zu echtem innerem Frieden ist immer auch der Weg zu uns selbst, zu unseren Quellen und Wurzeln. Auf diesem Weg dürfen wir nicht in Sackgassen abbiegen, indem wir uns auf der Ebene der Symptome verlieren. Nur wenn wir zum Kern unserer Problematik vordringen, können wir nachhaltige Lösungen erzielen.

Wir konzentrieren unser Anliegen auf einen einzigen Punkt, auf ein zentrales Thema: Wir »zoomen« uns förmlich heran mit unserer Aufmerksamkeit, so, wie man das Teleobjektiv einer Kamera scharf stellt, um aus einem ganzen Wald einen einzelnen Baum zu fokussieren. Ich selbst konzentrierte mich damals auf das Erreichen meines eigenen, persönlichen »Walter-Friedens« mit dem Thema Terrorismuserfahrungen. So erfasste ich »mein Thema«, das all meine anderen Themen und Anliegen bestimmte und dessen innere Bearbeitung, es sei nochmals gesagt, auch vollständig in meiner persönlichen Hoheit lag.

Diese absolute Konzentration auf einen Punkt, den wir selbst beherrschen, ist ein Schlüssel für erfolgreiche Versöhnungsarbeit. Indem ich sage: »Ich will meinen inneren Frieden mit ...«, sage ich auch, dass ich mich zunächst nur mit mir selbst beschäftige, mit meinen eigenen schmerzhaften Gefühlen und Gedanken zu meinem Thema. Diese Konzentration wirkt wie ein inneres Brennglas und liefert den Startpunkt, um den weiteren Weg zu gehen.

Durch einen Satz wie: »Ich will endlich meinen Frieden mit meinen Terrorismuserfahrungen finden«, erziele ich noch eine weitere Veränderung. Ich konzentriere mich nicht länger auf das *Was*, in diesem Fall den Terrorismus und alles, was damit sonst noch an Themen einhergeht, sei es politischer oder psychologischer Art. Vielmehr rückt das *Wie* in den Mittelpunkt:

Wie sehe ich diese Erfahrung, wie bewerte ich sie, wie ordne ich sie in mein Leben ein, welchen Platz weise ich ihr in meiner Biografie zu? Und vor allem: Wie gehe ich selbst mit meinen eigenen Erfahrungen und mit mir selbst dabei um?

Die Vergangenheit ist abgeschlossen. Nichts Neues geschieht in der Vergangenheit. Das *Was* ist beendet. In der Gegenwart und der Zukunft können wir nur noch am *Wie* arbeiten. Darauf muss sich unsere Lebensgestaltung konzentrieren. Wie sehen wir die Dinge heute? Welche Meinung haben wir jetzt? Wie können wir die Wunden der Vergangenheit schließen? Diese Fragen machen den Kern der Versöhnungsarbeit aus.

Angesichts der mir selbst gestellten Herausforderung, mich mit dem Thema »Terrorismus« zu versöhnen, war ich lange im *Was* gefangen. Sobald sich in meinem Alltag irgendwelche Berührungspunkte damit ergaben, selbst wenn dies rein zufällig geschah, erlebte ich sogenannte Flashbacks, wie es auch bei Traumageschädigten der Fall ist. Es liefen dann tatsächlich wie von Geisterhand gestartet Filme in mir ab. Selbst Lappalien, wie ein kurzer Zeitungsartikel über ein RAF-Mitglied, verursachten bei mir noch in den 1990er-Jahren inneren Aufruhr.

Man kann nie wissen, wann eine solche Situation eintritt. Doch mit der Entscheidung, den Versöhnungsweg zu gehen, definiert man sich neu: Man beginnt sich nicht mehr als passives Opfer zu sehen, sondern als aktiv Handelnder. Mit der Zeit läuft man immer weniger Gefahr, überraschend und heftig von seiner eigenen Vergangenheit eingeholt zu werden. Noch bevor die belastende Erinnerung Macht über die Emotionen gewinnt, kann man zu einer einfachen Notfallhilfe greifen: das Versöhnungsanliegen aussprechen und diesen Moment als eine Chance für eine neue innere Freiheit zu sehen versuchen. Und dann beginnt der alte Automatismus zu bröckeln.

Zweiter Schritt: Alles auf den Tisch

Nun soll es also anders werden. Wir nähern uns dem Problem absichtlich und bewusst, anstatt es immer nur wegzuschieben, sodass es uns fernsteuert und zwangsläufig irgendwann einholen wird. Wir warten nicht länger, wir handeln proaktiv. Wir fangen an, mehr zu leben, und werden weniger gelebt.

»Alles auf den Tisch« heißt: ohne falsche Scham und Peinlichkeitsgefühle alle Aspekte, alle Gedanken, Fakten, Erinnerungen und Gefühle aufmerksam anzusehen. Und keine Angst vor der Angst! Was da jetzt auch in uns toben mag – es wird zugelassen. Auch dann, wenn man sich eines Gefühls schämt, davor Angst hat oder deshalb zürnen möchte: Es ist ein »wahres« Gefühl. Es ist *unser* Gefühl. Egal, ob wir es als peinlich, als unangenehm oder als dumm empfinden: Es gehört zu uns. Gefühle *sind*. Sie sind eine Realität, schlicht und einfach gegeben, wie unsere bare Existenz. Lange unterdrückt, gemieden und bekämpft, mit einem Wort: in den Keller unserer Seele gesperrt, verdienen sie es, dass wir endlich zu ihnen stehen und ihnen den gebührenden Raum geben.

Auch die weniger schönen Gefühle gehören zu uns, genauso wie Haarausfall, Bauchansatz und Plattfüße. Sie sind Teil unserer Person, unseres Weges, und sie verdienen einen würdigen Platz in unserem Leben. Welchen? Das wird sich zeigen. Zunächst genügt die Einsicht, dass *alle* Gefühle einen Platz in unserem Leben bekommen müssen und dass wir ihnen auf Augenhöhe begegnen wollen, wie einem geschätzten und geachteten Menschen. Das ist nicht immer einfach, denn manchmal schämen wir uns unserer Gefühle und wollen sie nicht wahrhaben.

»Alles muss auf den Tisch« heißt, so banal es klingen mag: Wirklich *alles* muss auf den Tisch. Das ist gewiss nicht leicht, aber es muss sein. Gerade weil wir Meister im Verdrängen sind, ist dieser Schritt wichtig und wertvoll. Denn nur so beginnen wir uns selbst zu verstehen und vorbehaltlos anzunehmen. Nur wer alles ohne Wertung und Beurteilung akzeptiert, was zu seinem persönlichen Thema gehört, der beginnt sich selbst neu zu entdecken, der begegnet sich selbst.

An dieser Stelle habe ich einen einfachen Vorschlag: Man schreibe einen (oder mehrere) persönliche Briefe an sich selbst.

»Einen Brief an mich selbst, das habe ich ja noch nie gemacht!«

Genau. Gerade wenn ich das noch nie gemacht habe, ist ein Brief an mich selbst sehr wertvoll, denn er ermöglicht es mir, in rückhaltloser Ehrlichkeit zu mir selbst zu sprechen. Und ich kann ja völlig offen sein, schließlich wird kein anderer ihn lesen. Dieser Brief ist ausschließlich von mir selbst für mich selbst gedacht.

Wohlgemerkt: Es handelt sich um einen Brief, nicht um ein Tagebuch und auch nicht um eine Geschichte. Ein Brief ist wie eine Blitzlichtaufnahme, die Licht in den momentanen Zustand bringt. Er beschreibt und fixiert die Situation des Verfassers an dem Tage, da er geschrieben wird. Er reflektiert sein Denken und Fühlen hier und heute. Er hält ihm den Spiegel vor, er zeigt ihn so, wie er jetzt gerade ist. So kann dieser Brief zu einem Instrument werden, um jemanden aus der Krise zu führen.

Das Schreiben eines solchen Briefes ist wie eine Meditation – nein, es *ist* Meditation, eine Form von Innenschau. Deshalb ist es wichtig, ihn in völliger Ruhe und Abgeschiedenheit zu verfassen. Keine Musik, kein Telefon, kein Fernsehen, kein Internet, keine Familienangehörigen oder lieben Mitmenschen sollen uns beeinflussen, uns unterbrechen oder auch nur um uns sein. Wir müssen dafür einen für uns stimmigen Ort der Abgeschiedenheit, der Konzentration, der Kraft haben. Wenn es zu Hause nicht geht, dann muss und wird man ihn woanders finden.

Ich habe solche Briefe in Kirchen, in der freien Natur, in Stadtbüchereien oder Hotelzimmern geschrieben. Überall dort, wo ich mit mir allein sein und alle Umwelteinflüsse ausblenden konnte. So kommt mir mein unmittelbares Umfeld zu Hilfe, denn jetzt kann ich nicht länger vor mir selbst weglaufen. Ohne Ablenkungen bleibt nur die Konzentration auf meine Aufgabe, endlich »alles auf den Tisch« zu legen. Jeder spürt es, ob ein Ort passend ist, um in den inneren Spiegel zu schauen.

Das Schöne an einem Brief an mich selbst ist auch: Er beinhaltet kein Risiko. Die Post kann ihn nicht verlieren, kein Unberechtigter kann ihn lesen. Empfänger und Sender sitzen auf demselben Stuhl. Wenn nicht in einem solchen Brief, wo sonst könnten wir ohne falsche Scham und innere Bremsen ganz offen und ehrlich mit uns selbst sein?

Für mich sind Briefe an mich selbst ein wahrer Akt der Befreiung. Endlich kann ich alles loswerden. Hier kann ich hemmungslos schimpfen, fluchen, weinen, lachen. Es wird möglich, Trauriges und Ergreifendes, aber auch Kurioses, ja sogar Urkomisches »herauszuschreiben«. Ich kann dann einfach alles rauslassen. Meine Ängste, meinen Zorn und Groll, auch alle Scham und gefühlten Peinlichkeiten – einfach alles kommt zutage. Solche Briefe sind heilsam, weil sie uns eine Plattform bieten, in Ruhe und Abgeschiedenheit zu uns selbst zu finden und uns nicht länger vor uns selbst zu verstecken.

Jeden dieser Briefe beginne ich mit der Anrede »Lieber Walter« und beende ihn mit einer freundlichen Grußformel: »Alles Liebe wünscht Dir Dein Walter.« Ich schreibe so, als ob ich ein vertrauliches Gespräch mit meinem besten Freund führen würde. Und das tue ich ja auch, nur dass mein bester Freund nun Walter sein soll und nicht eine andere Person.

Schließlich stecke ich den Brief in einen Umschlag und adressiere ihn an mich selbst. »Für Walter« steht dann auf der Vorderseite und »Von Walter« auf der Rückseite. Dabei habe ich ganz unterschiedliche Erfahrungen gemacht. Manchmal war ich nach dem Schreiben des Briefes erleichtert und viel ruhiger geworden, manchmal allerdings war ich nur traurig, müde und frustriert. Meine Reaktionen sind sehr unterschiedlich, und ich weiß am Anfang der Übung nie, wie es am Ende sein wird.

Es gab für mich Briefe, die schufen sofort Klarheit. Andere mussten erst reifen, erforderten mehrere Überarbeitungen oder gar Neufassungen. Der Akt des Schreibens wühlte mich oft auf, rief intensivste Gefühle hervor, die sich manchmal zu wahren Reisen in der eigenen Zeitmaschine steigerten. Unterschiedliche Versöhnungsthemen verlangen ganz unterschiedliche Wege. Stets liegen meine Briefe an mich selbst an einem sicheren Platz, und ich hole sie nach einiger Zeit wieder hervor. Am nächsten Tag, nach drei Tagen, Anfang der nächsten Woche. Aber ich lasse sie nie länger als zehn Tage liegen, denn ich will den gedanklichen Faden, der mit dem Schreiben begonnen wurde, nicht reißen lassen. Selbst wenn es mehrerer Runden der Überarbeitung bedarf, kommt man mit jeder Runde ein Stück voran. Es gibt nun einmal besonders knifflige Probleme. Auch hier macht Übung den Meister. Heute, wenn ein Versöhnungsthema für mich ansteht, fällt mir das Schreiben des Briefes viel leichter, und ich kann rascher und ungehinderter in mich hineinfühlen als noch vor Jahren, bei den ersten Übungen dieser Art.

Wenn wir einen Brief durch eine neuen ersetzen, ihn also sozusagen in Gedanken überschreiben, dann stellt sich die Frage, was mit dem alten Brief geschehen soll. Ich persönlich vernichte ihn und behalte nur den jeweils aktuellen. Dies geschieht ganz bewusst, weil ich glaube, dass nur der neueste Brief meinen aktuellen inneren Zustand reflektiert. Ich möchte immer nur auf dem gegenwärtigen Stand aufbauen, das Alte soll nicht länger belasten, vielmehr Stück um Stück abgebaut werden. Deshalb ist nur der jeweils letzte Brief wirklich aussagekräftig. Wir wollen uns ja von Altem befreien, uns innerlich entrümpeln. Also ist es nur folgerichtig, einen alten Brief nicht länger in die neue Betrachtung mit einzubeziehen, sondern ihn zu entsorgen. Auch der Blick zurück muss immer von heute aus erfolgen.

Meine Briefe an mich selbst waren ein sehr wichtiger Schritt und überhaupt die ersten Übungen dieser Art für mich. Es bedurfte mehrerer Anläufe, bis ich zu meinen innersten Gefühlen und meinen zentralen Glaubenssätzen vordringen konnte. Irgendwann war der Punkt erreicht, dass wirklich alles auf dem Tisch lag und mir die entscheidenden Dinge klar wurden. Der letzte Brief, den ich mir zum Terrorismusthema schrieb, umfasste mehrere eng beschriebene Seiten, auf denen alle wichtigen Aspekte angeschnitten wurden und das gesamte Thema zusammenfasst war. Als ich ihn abschloss, war mir klar: Jetzt hast du alles ausgesprochen. Eine große Erleichterung wurde spürbar.

Nun ging ich daran, diesen letzten und somit (end)gültigen Brief auf seine emotionale Essenz hin zu verdichten. Mit einem Markierstift hob ich die für mich wichtigsten Passagen hervor. Interessant dabei war, dass dies keine Erlebnisbeschreibungen waren, sondern Formulierungen, mit denen ich meine innersten Gedanken und Gefühle ausdrückte, also das, was am schwersten auf mir lastete und im Zentrum meines Schmerzes lag.

Auf diese Weise schmolz ich den ganzen Inhalt des langen Briefes in einige wenige zentrale Sätze, echte emotionale Kernsätze, ein. Diese Verdichtung ermöglichte es, noch gründlicher in mich zu gehen. Damals war ich überrascht: Was am meisten wehtat, waren nicht konkrete Erfahrungen, beispielsweise als ich erfuhr, dass man nur bis zu einer bestimmten finanziellen Grenze bereit war, mein Leben nicht zu opfern. Nein, es war der hartnäckig wiederkehrende Schrecken der Situation, der mich in ganz alltäglichen Momenten erwischte und der mir als Kind sehr zu schaffen machte.

Zum Beispiel, wenn ich nachts wach lag. Durch die Balkontür meines Kinderzimmers schimmerte das Licht der Straßenlaterne vom Saumgartenweg hinter unserem Haus. In der Ferne konnte ich die Weiher mit ihren Nebeln erahnen. Oft waren Schüsse von der Schießanlage im Maudacher Bruch zu hören. Dort trainierte die Polizei mit ihren Maschinenpistolen, das wusste ich aus Gesprächen von Beamten, die ich belauscht hatte.

In solchen Momenten fing meine Fantasie an, verrücktzuspielen. Ich stellte mir vor, wie die Terroristen mit Leitern die hohe Mauer, die unseren Garten absicherte, überstiegen und den Balkon zu meinem Zimmer hochkletterten, um mich zu entführen. Plötzlich standen sie in der Balkontür, schwarz gekleidet, mit Skimasken vor dem Gesicht und Waffen in den Händen. Und immer wieder die eine Szene: Die Terroristen kommen auf mich zu, ganz leise, und ich versuche, mit aller Kraft um Hilfe zu schreien. Aber kein Ton kommt heraus, mein Schrei bleibt stumm. Im Zimmer herrscht totale Stille, alle anderen schlafen, keiner ist bei mir, keiner hilft mir. Ich bin allein. Ich stelle mir in allen Einzelheiten vor, wie die Terroristen mir eine Spritze geben, wie ich das Bewusstsein verliere und sie mich dann mitnehmen.

Als ich den Brief schrieb, stand mir diese Erinnerung an den inneren Film, der damals in mir ablief, überaus deutlich vor Augen. Ich konnte meine Ohnmacht und Angst, meine Sprachlosigkeit und auch meine Wut über das, was ich für fehlendes Verständnis seitens meines schulischen Umfelds und meiner Eltern hielt, förmlich in meinem Munde schmecken.

Beim Markieren der wesentlichen Sätze war ich sehr überrascht. Am meisten betroffen machte mich die Erinnerung an meine Sprachlosigkeit. Damals habe ich niemandem von meinen inneren Nöten erzählt. Die Befürchtung, dass man mich nicht ernst nehmen und auslachen würde, erdrückte alles. Ich wollte nicht als Weichei oder Jammerlappen abgestempelt werden, also schwieg ich.

Außerdem war mir ja seitens der Polizei und meiner Eltern gesagt worden, wie die Spielregeln im Falle meiner Entführung sein würden. Meine Erwartung, lebendig von einer Entführung zurückzukehren, war von daher gleich null. Obwohl noch ein Kind, wusste ich die Lage aufgrund gewisser Erfahrungen realistisch einzuschätzen. Kein Wort von mir würde etwas an der Lage ändern, dazu war ich zu machtlos, zu jung, zu abhängig. Dieses Gefühl der Ohnmacht verdichtete sich in einem Glaubenssatz, der sich tief in meiner Seele einnistete:

Du bist ja doch nichts wert, dein Verlust ist kein Verlust.

Damals glaubte ich, dass nur ich keine andere Wahl hätte, ich musste mich selbst verachten, um den Schmerz zu ertragen und verdrängen zu können. Noch Jahre später, als Jugendlicher und junger Erwachsener, ahnte ich nicht, wie weit dieser unbewusste Glaubenssatz in mein Inneres reichte und dass er mich, womöglich mehr als alles andere, im Opferland festhielt.

Als ich diese Briefe an mich selbst schrieb und im anschließenden Nachdenken darüber, kamen längst vergessen geglaubte Erinnerungen und Gefühle zurück. Manche so intensiv, als ob alles erst gestern gewesen wäre. Ich spürte es erneut geradezu körperlich, wie ich mich in meinem Bett zu verstecken versuchte, wie ich darüber nachdachte, ein Messer unter mein

Kopfkissen zu legen. Am liebsten hätte ich eine Pistole gehabt, genau wie die Polizeibeamten, die uns schützen, damit ich die Terroristen sofort hätte erschießen können, wenn sie durch die Balkontür kämen. Ich spürte der Wut nach, die damals einsetzte, weil ich wusste, dass man mir keine Pistole geben würde, denn ich war ja nur ein Kind. Ich wollte mich wehren können, aber es wurde mir verboten, so meine damalige Interpretation.

Ich kann mich nur an wenige Momente in meinem Leben erinnern, in denen ich meine Sprachlosigkeit, meine innere Ohnmacht so intensiv spüren konnte wie an jenen Abenden in meinem Jugendzimmer. Und jetzt brachte ich mich dazu, es noch einmal »nachzuerleben«. Das war der Sinn der Übung.

Und dabei flossen Tränen. Als ich den Absatz, in dem ich meine damaligen Gefühle beschrieb, mit dem Stift markierte, fühlte ich mich wie auf einer Zeitreise. Hier saß der erwachsene Walter an seinem Schreibtisch, und dort lag der kleine Walter ängstlich in seinem Jugendbett. Ich war wieder in meinem alten Zimmer, und es schien, als ob nur eine Stunde vergangen sei und nicht über 35 Jahre.

Die Wucht solcher Erinnerungen ist kolossal. Es ist nicht leicht, diese Momente auszuhalten. Aber wenn wir ihnen willentlich und offen begegnen, können wir sicher sein, dass wir uns auf dem richtigen Weg befinden. Dort, auf dem Boden des alten Schmerzes, liegt die Versöhnung, liegt der neue Frieden.

Somit war der Brief auf eine Handvoll Sätze reduziert. Und nun die letzte Verdichtungsstufe, die Reduktion dieser Sätze auf einzelne Begriffe: auf jene Worte, die zu den Dreh- und Angelpunkten meines Versöhnungsprozesses werden sollten. Es sind dies »Kraftworte« in ganz besonderem Sinn, denn sie fassen in wenigen Gedanken die emotionale Essenz des Problemthemas

zusammen. Ich selbst fand die folgenden Worte und identifizierte damit die »Kerngefühle« meiner damaligen Erfahrung:
– Einsamkeit
– Ohnmacht
– Innere Sprachlosigkeit
– Kämpfen müssen
– Ungerechtigkeit
– Eigene Wertlosigkeit

Jedes dieser Worte repräsentierte ein Gefühl, das mich schmerzte. Meine Einsamkeit rührte von daher, dass außer meiner eigenen Familie niemand in meinem damaligen Umfeld das Thema Terrorismus als persönliches Thema kannte oder auch nur verstand. Alle meine Mitschüler, alle Kinder und Jugendlichen, die ich sonst kannte, lebten in einer normalen, äußerlich friedlichen bundesdeutschen Welt der 1970er-Jahre. Dass auch sie unter ihren eigenen Problemen gelitten haben werden, nahm ich nicht wahr. Damals, so viel schien mir sicher, war ich neben meinem Bruder das einzige Kind, das durch solche extremen Belastungen gehen musste.

Meine Einsamkeit verband sich mit einer tiefen inneren Sprachlosigkeit in Bezug auf meine eigenen Gefühle, besonders die der Ohnmacht und des Misstrauens. In diesen Jahren erschien die Welt mir feindlich und böse. Es gab da draußen Menschen, die mir, obwohl sie mich nicht einmal kannten, nach dem Leben trachteten.

Das machte in meiner Kinderseele »ein ganz neues Fass auf«: das große Thema Ungerechtigkeit. Ich empfand es als überaus ungerecht, in diese heikle Lage gebracht worden zu sein, aus der es kein Entrinnen zu geben schien. Und ich kam lange nicht los von dieser Haltung, von diesem Opferbewusstsein. Meine damalige Unfähigkeit, mit – offensichtlicher, aber unabänderlicher – Ungerechtigkeit friedlich umzugehen, wurde zu einer starken Fessel, einer Fessel, die mich jahrzehntelang band.

Am Ende meiner Etappe »Alles auf den Tisch« waren jetzt alle wichtigen Themen auf einen kurzen Satz und sechs einzelne Begriffe, jeweils stellvertretend für ein zentrales Gefühl, reduziert. In dieser Essenz steckte die ganze Sprengkraft meines Schmerzes. Diese Wahrheit galt es, mir nun in aller Deutlichkeit vor Augen zu führen. Mithilfe eines Arbeitsblatts, das ich mir geschaffen hatte und das im Anhang dieses Buches abgedruckt ist, schrieb ich die sechs Wörter, sowie den Glaubenssatz in die vorbereiteten Kästchen unter der Überschrift »Schmerzendes Gefühl / Alte Energie«. In das Kästchen für »Alte Glaubenssätze« trug ich ein: »Mein Verlust ist kein Verlust, ich bin nicht wichtig.« Jetzt war unmissverständlich klar, worum es ging, was in mir selbst zu versöhnen war. Doch wie soll es nun weitergehen? Wo und wie kann in diesem Meer alter Tränen ein neuer Frieden gefunden werden?

Dritter Schritt: Den Energiewandel erleben

Gefühle sind Energie. Sie kommen in ganz unterschiedlicher Form daher: manchmal als schiere Power, wenn wir glauben, die Welt buchstäblich umarmen oder aus den Angeln heben zu können, und manchmal als bleischwere Gewichte, die uns zu Boden ziehen, lähmen und erdrücken, bis wir allen Lebenswillen verloren zu haben glauben …

Gefühle verändern sich laufend, oft in Sekundenbruchteilen. Gewisse Gefühle begleiten uns ein Leben lang, aber auch sie sind nicht statisch, sondern passen sich unserer Entwicklung an. Jede Situation, jede Begegnung mit einem Menschen bringt Gefühle in uns hervor. Zu fühlen heißt Leben er-leben – und zu leben, was du fühlst, heißt, den Wandel zu begrüßen und zu integrieren.

All dies macht deutlich, dass Gefühle auch Energie sind, seelische Energie, wenn man so will: Sie bewegen oder blockieren uns, ziehen uns nach vorn oder halten uns zurück. Jeder Wandel in unserer Gefühlswelt wird damit auch von einem Energiewandel in unserer Psyche begleitet. Allerdings sind wir uns dessen kaum bewusst. Noch weniger vermögen wir zwischen dem Inhalt des Gefühls und der Kraft seiner Energie zu unterscheiden. Was uns aber völlig abgeht, ist das Gewahrsein, was dabei Ursache und was Wirkung ist. Bringt das Gefühl eine bestimmte Energie hervor? Oder ist es die Aktivität einer bestimmten seelischen Energie, die das Gefühl aufkommen lässt? Gerade dieses Gewahrsein ist aber entscheidend, wenn wir – dank gewonnener Einsicht und mithilfe unserer moralischen Kraft – auf unsere Gefühle einwirken wollen. Mit einiger Übung können wir uns die permanente gegenseitige Durchdringung von Gefühl und Energie sogar zunutze machen, im Sinne von »geschicktem Handeln dank nützlicher Mittel«.

Mehr noch: Wir könnten dann sogar unsere Gefühlswelt (mit) gestalten, sodass die spontanen Gefühle uns nicht mehr blockieren, ja sabotieren, sondern uns innerlich mit Frieden und Kraft erfüllen.

Es gibt durchaus Situationen, in denen unser Auge sich für die unauflösliche Verflechtung von Gefühl und psychischer Energie wie von allein schärft. Leider sind dies oft Stresssituationen – wenn es nicht so wäre, würden wir uns in solcherart vertiefter Wahrnehmung wohl öfter üben. Jeder kennt das »Lampenfieber«, diese scheinbar übermächtige Angst vor einer Situation, die wir als schwere persönliche Prüfung erfassen. Typisch für das damit einhergehende Gefühl ist, dass seine Energie stark genug ist, um körperliche Reaktionen zu provozieren. Unsere Hände werden schwitzen, unsere Atmung wird unruhig, der Hals trocken: alles äußere Anzeichen unbewusst freigesetzter seelischer Energie.

Meistens geht die Sache ja gut aus. Dann empfinden wir hinterher Entlastung, eine – wiederum körperlich spürbare – Entspannung und Leichtigkeit. Wir freuen uns, wir lachen und scherzen auf einmal über das, was uns gerade noch nervös gemacht hatte. Kurz: Wir sind in ein neues Gefühl gekommen, das alte ist wie weggeblasen.

Gleichzeitig fühlen wir uns voller neuer Energie, wir könnten geradezu platzen vor Tatendrang – am besten gleich her mit der nächsten »Prüfung«! Das heißt nichts anderes, als dass wir eigentlich gar nicht so viel Kraft verbraucht haben, wie wir dachten. Es ist immer noch Energie da, sie hat lediglich eine Umpolung erfahren. Oder aber: Wir fühlen uns hinterher kaputt und ausgelaugt – Gott sei Dank ist alles vorbei, bitte nie mehr! Was bedeuten würde, wir haben übermäßig viel Energie mit unserer negativen Erwartungshaltung verpulvert – eigentlich war die Sache an sich gar nicht so schlimm, schließlich haben wir es ja geschafft, allem Fatalismus zum Trotze. Egal, mit welchem Ergebnis – in beiden Fällen fand ein Energiewandel statt, der mit dem Wandel des gefühlsmäßigen Erlebens einherging. In dem einen Falle haben wir Energie dazugewonnen, im anderen übermäßig viel ausgegeben.

»Den Energiewandel erleben« heißt nichts anderes, als ein unbewusstes psychisches Prinzip auf eine bewusste und damit höhere Ebene zu bringen. Im Rahmen der hier beschriebenen inneren Arbeit geht es natürlich immer um innere Prüfungen, die äußeren sind nur eine, allerdings notwendige, Begleiterscheinung. Damit will ich sagen: Indem wir unser Anliegen verwirklichen wollen, stellen wir uns der Herausforderung, schwierige Situationen zu meistern, *die wir selbst hervorrufen*. Doch das Prinzip des Energiewandels bleibt gleich, wir können auf einer ganz alltäglichen Erfahrung aufbauen.

Der Schlüssel liegt in der altbekannten Tatsache, dass in unserer Welt nichts ohne sein Gegenstück existieren kann. Das ist so selbstverständlich, dass es normalerweise nicht der Erwähnung wert scheint. In unserer Gefühlswelt gibt es zudem keine klare Trennung der Gegensätze. Schon beim Beispiel »Lampenfieber« haben wir gesehen, wie leicht ein Gefühl in sein Gegenteil umschlagen kann und welche Konsequenzen das für unser Befinden hat. Wir können daraus nicht nur die Regel ableiten, dass es zu jedem Gefühl ein Gegengefühl geben muss, sondern dass die Energie verblüffend schnell von einem Pol zum anderen laufen kann. Das gilt nicht nur für die vielen kleinen und mittleren Stimmungswandlungen, denen wir im Laufe eines einzigen Tages unterliegen, sondern auch für die »großen Gefühle«: Wie viele Menschen haben schon erlebt, dass aus Liebe Hass werden kann!

Wenn wir auf unser Gefühlsleben einwirken wollen, dann kann dies nicht direkt geschehen, sondern nur indirekt. Kein

Gefühl, das wir bearbeiten wollen, wird sich ändern, wenn wir sagen: »He, verändere dich jetzt mal!« Es wird sich verhalten wie ein eigensinniges Kind, das auf seinem Willen beharrt – und so kommt es zu Situationen, wo (meist erst) andere und (irgendwann auch) wir selbst über uns nur noch den Kopf schütteln können. Es ist gleichwohl möglich, auf das Gefühl einzuwirken – aber nur indirekt: eben über das Gegengefühl. Dazu müssen wir dieses zunächst identifizieren, und zwar klar und unmissverständlich. Sodann muss es uns gelingen, »ins Gefühl zu kommen« – und zwar genau in *dieses* Gefühl. Auch wenn das für Menschen, die innere Arbeit nicht gewöhnt sind, zunächst nach psychologischer Zirkusnummer klingen mag: Es ist weder Dressur noch Drill, sondern *bewusstes Handeln*. Denn sonst funktioniert es nicht, alles andere würde nur in den sprichwörtlichen »Wald« führen.

Was geschieht, wenn es uns gelingt, diese innere Arbeit zu verrichten? Es findet ein Energiewandel statt. Die durch ein bestimmtes Gefühl wirkende emotionale Energie fließt zu ihrem Gegenpol und nährt das Gegengefühl. Ob wir dabei von »Gegengefühl« sprechen oder von »Spiegelenergie«, wie ich es nenne, ist reine Geschmackssache. Entscheidend ist das Ergebnis. Wenn wir den alten Schmerz heilen wollen, der uns in Flucht oder Kampf treibt, müssen wir zuvor Frieden mit unserer Vergangenheit schließen. Wenn wir uns ohnmächtig fühlen, dann liegt die Lösung darin, dass wir uns ermächtigen, unser Leben selbst zu leben, statt gelebt zu werden. Wenn uns chronisches Misstrauen quält, dann wird uns neu entdecktes Vertrauen weiterhelfen. Innerer Frieden, Gestaltungsfähigkeit und Vertrauen sind Beispiele für Ziele, bei denen uns schon der reine Versuch stärkt, sie zu erreichen. Deshalb ist es nur konsequent, sie als »Energien« zu sehen – als heilende Kraft für Körper, Geist und Seele.

Ich fahre jetzt damit fort, meine persönlichen Erfahrungen beim Versuch des bewussten Umgangs mit meinen Terrorismuserlebnissen zu beschreiben. Da ich ein Mensch bin, der am liebsten immer konkret vor sich sieht, womit er arbeitet, verwende ich dafür mein Arbeitsblatt.

Schmerzendes Gefühl / Alte Energie	Gegengefühl / Spiegelenergie
Einsamkeit	
Ohnmacht	
Innere Sprachlosigkeit	
Kämpfen müssen	
Ungerechtigkeit	
Eigene Wertlosigkeit	
Alter, unbewusster Glaubenssatz: Ich bin nicht wichtig, mein Verlust ist kein Verlust.	Neuer, bewusster Glaubenssatz

Die Aufgabe besteht zunächst darin, das jeweils passende Gegengefühl zu finden. Sodann, bewusst in dieses Gefühl zu kommen, mithilfe der »Spiegelenergie«. Es ist klar, dass beide Aufgaben auch mit dem Verstand angegangen werden müssen, denn hier geht es ja wieder darum, unbewusste Inhalte zu »versprachlichen«. Es leuchtet aber ein, dass dies mindestens so sehr auch eine Frage des Gefühls ist, denn es kommt letztlich darauf an, eine Kraft zum Fließen zu bringen. Eben jene Energie, die sich mit dem alten Gefühl verbindet und mich darin gefangen hält.

Wir alle müssen wieder lernen, in uns hineinzuhorchen. Und dabei kommen wir um eines nicht herum, auch wenn es anfänglich schwerfallen sollte: nochmals jedes dieser Worte (in der linken Spalte) im wahrsten Sinne des Wortes nachzu*empfinden*, das heißt, die schmerzende Erfahrung zuzulassen, sie auch emotional wieder zu erleben. Das ist kein Streuen von Salz in alte Wunden, sondern ein Sich-Einlassen auf alles, was da tief in uns wühlt und gärt. Nur über die dazugehörigen Bilder und Gedanken können wir jene Gefühle, die in dem Schmerz gebunden sind, erspüren und ihre Energie befreien. Man sollte zunächst jedes einzelne Wort in der linken Spalte in seiner genauen Bedeutung, mit all seinen Ecken und Kanten für unser Leben und mit aller mentalen Kraft zu erfassen suchen.

Da steht also dieses düster-bedrohliche Wort »Einsamkeit« gleich als Erstes ganz oben auf meiner eigenen Liste. Wie viele unbehagliche Erinnerungen verbinden sich damit für mich! Aber warum eigentlich *Einsamkeit*? Ich war damals doch nicht allein – man ließ es ja gar nicht zu, dass ich irgendwann allein gelassen wurde, es sei denn, in meinem streng bewachten Zuhause. Und Gemeinschaft mit anderen Menschen, die erlebte ich gleich in einer ganzen Reihe von Formen: in meiner Familie, in der Schule, mit bestimmten Polizisten, die ich fast täglich sah und mit denen ich mich manchmal sogar etwas anfreundete. Nein, ich war nicht allein – und doch fühlte ich mich einsam, sehr einsam sogar.

Jetzt, da mir all das erneut durch den Kopf geht und auch mein Herz es empfindend nachvollzieht, wird mir so richtig klar, aus welchen Quellen sich meine Einsamkeit speiste: zum einem aus meiner – noch kindlich-jugendlichen – Überzeugung, dass mich niemand wirklich verstand und dass ich mit meinem Leidensthema ganz und gar mir selbst überlassen wurde, ohne jedes klärende Gespräch oder gar qualifizierte psychologische

Hilfe. An dieser Stelle wird mir schmerzlich klar, dass in der damaligen Zeit der professionelle Umgang mit einem Fall wie mir sich auf rein polizeiliche Maßnahmen beschränkte. Während heute eine therapeutische Intervention selbstverständlich wäre, ging man mit meinem Bruder und mir, wenn ich sagen darf, in eher hemdsärmeliger Art und Weise um.

Aha! Da klopft jetzt also das Selbstmitleid an meine Tür und will hereingelassen werden ... Grübelnd vor meinem Blatt sitzend, erinnere ich mich meines Anliegens und nehme Zuflucht zu einer Technik, die ich gern nutze, wenn dunkle Gedanken mich verfolgen: Ich schließe die Augen und stelle mir bildlich vor, wie ich mich gegen die Tür stemme, durch die das Selbstmitleid hereinwill. Nein, ich werde sie nicht öffnen ... Jetzt gilt es, mein damaliges Gefühl endlich einmal ungefiltert und vorurteilslos zu betrachten ...

Denn da war noch eine weitere Quelle meiner Einsamkeit, und die hatte tatsächlich mit meiner faktischen Isolierung von Gleichaltrigen außerhalb der Schule zu tun. Ich sage »faktisch«, weil das ja von niemandem so geplant war. Es kam einfach so, weil es keine Eltern zu geben schien, die ihr Kind der Gefahr aussetzen wollten, zum Spielen in eine gewiss nicht ohne Grund schwer bewachte Wagenburg zu gehen. Wenn denn überhaupt ein Kind hätte kommen wollen.

Im Nachempfinden meines Gefühls der Isolation stelle ich fest, dass dieses Gefühl besonders schwer zu beschreiben ist. Es ist wie ein Schatten, der über einem liegt und einem ständig den Weg verdunkelt und auch dann, wenn man unter Menschen ist, die Einsamkeit spüren lässt.

Was mir damals gefehlt hatte, war die Verbundenheit mit anderen Menschen, jene Qualität des Miteinanders, die gegenseitige Akzeptanz voraussetzt und harmonische Einheit stiftet. Der Stachel meiner Einsamkeit saß dort am tiefsten, wo das

Gefühl wurzelte, anders zu sein. Später, als Jugendlicher und junger Erwachsener, definierte ich meine Rolle als »Anderer unter Gleichen«. Zwar bewegte ich mich in den üblichen Gemeinschaften Gleichaltriger – als Schüler, Soldat und Student –, aber ich fühlte mich außerhalb meines eigenen Freundeskreises nicht als Walter, als ein eigener Mensch akzeptiert. Ich gehörte im Grunde nicht dazu, mein Außenseiterdasein wurde mir jahrelang fast täglich vor Augen geführt.

Das Wort *Verbundenheit* fühlt sich richtig an! Jetzt habe ich die stimmige Spiegelenergie gefunden, denn meine große Sehnsucht war es, mich mit anderen Menschen als verbunden zu erleben und nicht länger als »anders« wahrgenommen zu werden. Ja, »Verbundenheit« hat die richtige Energie! Dieses Wort fühlt sich passend an, weil es eine besonders sensible Form von gegenseitiger Akzeptanz beschreibt, eine Akzeptanz tief im Gefühl.

Schmerzendes Gefühl / Alte Energie	Gegengefühl / Spiegelenergie
Einsamkeit	Verbundenheit

Der zweite Begriff in der linken Spalte ist »Ohnmacht«. Als Jugendlicher bekommt man einen ersten Geschmack davon, was es bedeutet, sein Leben selbst zu gestalten. Oder, im Gegenteil, es nicht zu dürfen, obwohl man es könnte – und natürlich auch will. Letzteres traf auf mich zu. Ich fühlte mich ohnmächtig und ausgeliefert, ein Opfer der politischen Verhältnisse und der damit einhergehenden sicherheitstechnischen Rahmenbedingungen in Bezug auf meine Person. Nicht ich entschied über mich, sondern über mich wurde entschieden – in einem *für mich unerreichbaren* politischen oder vielmehr polizeilichen Raum. Das Gefühl, ein Opfer der Verhältnisse zu sein, legte sich umso mehr wie ein dichter Nebel über mein Leben, als dass meine Kräfte wuchsen, es eigentlich selbst in die Hand nehmen zu können. Diese Nebelwand war im Kindesalter geradezu undurchdringlich, weil ich wichtige Zusammenhänge in der Welt der Erwachsenen nicht oder lediglich teilweise zu verstehen vermochte. Ich lebte nicht nur in einer Art Kontaktsperre, sondern zum Teil auch in einer Informationssperre. Letzteres war durchaus gut gemeint, man meinte mich schonen zu müssen, indem man mir bestimmte traurige Wahrheiten vorenthielt. Doch das spürte ich natürlich, es machte die Sache nur noch unheimlicher und steigerte meine Angst und meine Wut.

Und immer diese nagende Ungewissheit: Was würde morgen sein? Welche Hiobsbotschaften würden *überbracht werden*? Unsicherheiten über Unsicherheiten, und dies fast zehn Jahre lang. Eine Zeit der Machtlosigkeit, in der man sich wie ein Spielball fremder Mächte vorkam, beherrscht von steter Ungewissheit und Erwartung des Schlimmsten. Das Leben begann mir äußerst unberechenbar zu erscheinen, und dieser Eindruck verfestigte sich in einem Grundgefühl des Misstrauens und der Fluchtbereitschaft. Man wusste ja nie, welche Gefahren urplötzlich aus diesem Nebel hervortreten und uns bedrohen *würden*. Wir standen unter permanenter, zermürbender Anspannung. Das grundlegende Lebensgefühl war, dass jeden Moment die Katastrophe über uns hereinbrechen konnte, so wie es anderen Familien, die wir meist persönlich kannten, ja auch geschah.

Genährt und immer wieder angefacht wurde meine Angst durch periodische Phasen schlagartiger Aufregung unter den Erwachsenen. Wie aus dem Nichts tauchte eine Meldung der Polizei auf, die besagte, dass »die Lage sich verschärft hat«. Ich habe damals nie verstanden, auf welchen Erkenntnissen solche

Einschätzungen beruhten. Ihre Häufigkeit war erschreckend und einlullend zugleich. Wiederkehrender blinder Alarm führt zu einer stumpfen Abgebrühtheit, die sich wie schweres Blei auf die Glieder legt. Doch die Erwachsenen schienen jede dieser Warnungen sehr ernst zu nehmen. Es war, als ob jetzt ein Starkstrom flösse. Ansatzlos waren, stets aus mir unbekannten Gründen, neue Angstverstärker am Werk. Sie mündeten regelmäßig in neue Verbote und verschärfte Einschränkungen für uns Brüder.

Manchmal gelang es mir, Gespräche von Polizeibeamten untereinander oder mit meinen Eltern zu belauschen. Dadurch erfuhr ich, welche Morddrohungen aktuell im Raum standen und welche Erkenntnisse in von der Polizei gestürmten konspirativen Wohnungen entdeckt worden waren. Ich erinnere mich genau daran, dass immer wieder auch von Hinweisen auf Entführungspläne in Richtung unserer Familie die Rede war. Wie konkret sie wirklich waren, vermochte ich nicht zu beurteilen, aber es jagte mir doch einen gehörigen Schrecken ein. Und dennoch: Für mich waren diese Informationen von größtem Wert, lichteten sie doch ein wenig diesen schier undurchdringlichen Nebel, es war wie ein hartes, blendendes Licht, das in meine dunkle Welt des Ausgeliefertseins, der Machtlosigkeit fiel. Dieses ausgeprägte, lang anhaltende Gefühl der Ohnmacht ließ in meiner Kinderseele die Neigung entstehen, Problemen aus dem Wege zu gehen, statt sie anzupacken. Allerdings schlug auch hier das Pendel irgendwann in die andere Richtung aus, und zwar in dem Maße, wie meine Kräfte wuchsen, mich zu behaupten. Das heißt, ich begann mich zu regen. Aber ich war immer noch nicht frei, war immer noch im Opferland gefangen.

* * *

Noch während meiner Bundeswehrzeit war das Terrorismusthema in meinem persönlichen Alltag alles andere als abgehakt. Aber ich hatte mich doch schon derart weit davon freigekämpft, dass ich mich erfolgreich dagegen zur Wehr setzte, permanenten Personenschutz verpasst zu bekommen. Ich erinnere mich, dass ich als junger Rekrut einmal ohne mich umzuziehen ins Wochenende fuhr, weil ich nur noch heim wollte. Als ich zu Hause ankam und die Polizisten mir schon die Einfahrt auf den Hof freigegeben hatten, erblickte ich in einiger Entfernung eine Gruppe Demonstranten, die Plakate mit Parolen gegen den NATO-Doppelbeschluss hochhielten. Bis hierhin war ich im Fluchtmodus gewesen – nichts wie weg, hatte ich noch in der Kaserne, nach einer Woche voller persönlicher Demütigungen, gedacht. Nun aber wendete sich das Blatt, und in Sekundenschnelle fand in mir der Wechsel in den Kampfmodus statt.

Es stach mich der Hafer, wie man so schön sagt, und statt in den Hof einzubiegen, fuhr ich so weit wie möglich auf die Demonstranten zu, bis kurz vor den Polizeikordon, der sie nicht näher ans Haus heranließ. Am Bordstein parkte ich meine kleine, aber feuerrote Berlinetta und stieg betont langsam und lässig aus. Sofort brach ein wildes, aggressives Geschrei unter den Friedensdemonstranten aus. Mir wurden Beleidigungen wie »Mörder«, »Nazi« und finstere Drohungen entgegengeschleudert. Es war einfach zu viel für diese »friedensbewegten« Menschen, wie sie damals genannt wurden, einen Bundeswehrsoldaten im Kampfanzug vor sich zu sehen, der sich locker seine Reisetasche über die Schulter warf und, die dort postierten Polizisten freundlich grüßend, im Hause des Bundeskanzlers verschwand. Die gelungene Provokation erfüllte mich zwar vorübergehend mit einer gewissen Genugtuung, aber sie half mir natürlich nicht darüber hinweg, dass ich mich damals nicht nur mit dieser, sondern eigentlich mit keiner gesellschaftlichen Gruppierung in irgendeiner Weise innerlich verbunden fühlte. Sie war nur ein weiterer Beweis dafür, dass ich immer noch gelebt wurde, statt zu leben.

✼ ✼ ✼

Selbst jetzt, wiederum viele Jahre später, immer noch vor meinem Arbeitsblatt sitzend, ist es alles andere als einfach, sich nochmals auf diese weit unten vergrabenen Gefühle einzulassen. Versöhnungsarbeit ist auch hartes Brot, das soll hier nicht beschönigt werden. Jahre alter Verkrustungen können nicht in wenigen Stunden abgetragen werden, aber indem wir diesen Weg zu beschreiten beginnen, nehmen wir Stück für Stück unser Leben in die Hand, auch wenn es anfänglich etwas schmerzt. Aber ohne ehrliche Innenschau kommen wir so oder so nicht weiter. Indem ich die Gedanken und Gefühle von damals erneut zulasse, wird mir sehr klar, was ich mir als Kind, als Jugendlicher und auch noch als junger Erwachsener am allermeisten gewünscht hätte, was aber völlig unerreichbar schien: Selbstbestimmung. Meine damaligen Gefühle der Ohnmacht waren in der Tat das Ergebnis eines hohen Maßes an Fremdbestimmung.

Ist also »Selbstbestimmung« das gesuchte Gegengefühl beziehungsweise die gesuchte Spiegelenergie? Ich bin im Zweifel. Immerhin kann ich heute doch frei über mein eigenes Leben verfügen – rein äußerlich hält mich nichts davon ab, es so zu gestalten, wie ich es für richtig halte. Eben – rein äußerlich. Innerlich bin ich jedoch immer noch nicht frei, ich bin immer noch im Opferbewusstsein gefangen, wenigstens teilweise. Worum ich nach wie vor ringe, ist, mich nicht mehr als Opfer irgendwelcher Umstände oder der eigenen Vergangenheit zu sehen, sondern voll und ganz in dem Bewusstsein zu leben, dass die letztendliche Urheberschaft meines Tuns und Lassens bei mir liegt. Und zwar nur bei mir. Es geht für mich darum, die unmittelbare und umfassende Verantwortung für mein eigenes Leben zu übernehmen – und auch in diesem Gefühl zu leben. Wonach ich suche, ist also *Selbstverantwortlichkeit*. Im Unterschied zu »Selbstbestimmung«, die lediglich die Hoheit über das eigene Leben ausdrückt, lässt das Wort »Selbstverantwortlichkeit« auch meine eigene Zuständigkeit für die Abwägung der Folgen meines Tuns und Lassens erkennen. Wirkliche Heilung und inneren Frieden werde ich nur als selbstverantwortlicher Erwachsener finden *können*. Ein weiterer Puzzlestein fügt sich in das Gesamtbild!

Schmerzendes Gefühl / Alte Energie	Gegengefühl / Spiegelenergie
Einsamkeit	Verbundenheit
Ohnmacht	Selbstverantwortlichkeit

Weiter mit der Liste! Mich mit meiner »Sprachlosigkeit« auseinanderzusetzen ist die nächste Aufgabe.

Was fühlt ein Mensch, der das für ihn Bedeutsamste nicht mitteilen kann? Das, was sein ganzes Leben bestimmt? Wenn ihn der Mantel der Angst einhüllt, wenn das Schweigen ihn zu verschlucken scheint? Er fühlt sich selbst immer weniger, bis dorthin, dass er selbst nicht mehr zu existieren meint. Jeder weiß, wie befreiend es sein kann, den eigenen Schmerz mit jemandem zu teilen. Natürlich tut auch das weh, es geht ja um Schreckliches, das damit wieder aufgerührt wird. Aber so ein Gespräch ist doch ungemein befreiend – es setzt uns wieder dem Leben aus, nachdem wir vielleicht vorher schon gar nicht mehr richtig »da« gewesen sind.

Mein Seufzer, den ich eben unwillkürlich getan habe, gilt wohl auch zwei höchst unterschiedlichen Seiten meines damaligen Verhaltens. Sie standen in ausgesprochenem Gegensatz zueinander, was mich lange Zeit verwirrte. Nun aber, im vertieften Nachdenken darüber, sehe ich ein, dass es sich nur um einen scheinbaren Widerspruch handelte.

Bis auf meinen Bruder konnte und wollte ich mich niemandem anvertrauen. Meine Eltern befanden sich in ständiger Bewegung, in einem ununterbrochenen Strom von Arbeit und Terminen, mit einem Wort: Sie waren unerreichbar für ein klärendes, um nicht zu sagen heilendes Gespräch. Was mein eigentliches Problem anging, war ich tatsächlich mehr oder weniger »sprachlos«.

Andererseits galt ich als sprachgewandter Mensch. So konnte ich mich immer wieder vor schlechten Noten retten, indem ich freiwillig Referate hielt und damit den Malus so mancher nicht erledigter Hausaufgabe wettmachte. Dabei spielte natürlich auch eine Rolle, ja, es war von höchster Wichtigkeit für mich, die Kontakte meiner Mutter mit meinen Lehrern auf das absolute Minimum zu beschränken. Den in schulischen Dingen kannte sie kein Pardon, Hausaufgaben und Lernpensum nicht zu erfüllen war für sie unverzeihlich. Als nicht immer guter Schüler wurde daher mancher Elternabend zu einer Zitterpartie, und gute Referate waren ein prima Mittel, die geforderten Noten zu produzieren.

Geradezu paradox wurde es dadurch, dass ich mich immer erfolgreicher in die Rolle eines Ratgebers für die Probleme anderer Menschen hineinarbeitete. Ich glaube, das wäre nicht möglich gewesen, wenn ich für deren Gefühle so gar kein Verständnis aufgebracht hätte. Gleichzeitig lebte ich in einer weitreichenden Ignoranz gegenüber meiner eigenen Gefühlswelt.

Sobald es um mich selbst ging, wich ich dem Gespräch darüber aus. Sogar in meinem eigenen Kopf verfiel ich reflexhaft in Stummheit. Ich sperrte meine Gefühle in einen dunklen Keller, irgendwo ganz unten im letzten Winkel meines Herzens. Dort ließ ich sie einfach vor sich hin gären, und das war vielleicht meine ärgste Flucht vor mir selbst.

* * *

Irgendwann im Jahr 1997, auf irgendeinem deutschen Flughafen. Ich habe es eilig und mache sogar auf dem Transportband für die Passagiere noch Tempo, um zu meinem Gate zu gelangen, gedanklich schon voll und ganz mit dem Termin beschäftigt, zu dem ich will. In so einer Situation nimmt man nicht viel von seiner Umwelt wahr, schon gar nicht fällt einem auf, wer einem aus der anderen Richtung, gerade dem Flieger entstiegen, ganz entspannt entgegenschlendert. Das heißt normalerweise nicht. Wer aber, wie ich, jahrelang vom Geruch der Angst umgeben war, entwickelt ein feines Gespür für jegliche Begegnung mit den damit verbundenen Erinnerungen. Er ist schon an mir vorübergeschwebt. Aber ich erkenne ihn doch. Er ist es, kein Zweifel. Otto Schily.

Es ist bisher eigentlich ein schöner Tag gewesen, vielleicht ein wenig geschäftig, aber doch ein Tag mit einem guten Gefühl. Doch plötzlich ist es, als ob mir jemand in den Bauch schlüge. Im ersten Moment weiß ich nicht, was auf einmal mit mir los ist. Mein Magen fängt an zu stechen, und ich japse nach Luft. Ich bin heilfroh, nach kurzer Zeit von dem Transportband herunter zu sein und wieder festen Boden unter den Füßen zu verspüren, und muss mich an eine Wand lehnen.

Jetzt erst mal warten, bis sich der innere Aufruhr wieder legt! Um mich herum die normale Betriebsamkeit des Flughafens, doch ich fühle mich über 20 Jahre zurück katapultiert. Plötzlich bin ich wieder in Oggersheim. Ich sehe die bewaffneten Personenschützer, die mich mit dem Polizeiauto zur Schule fahren. Ich höre die Hänseleien meiner Mitschüler, spüre die Scham, als ich vor dem Schultor aussteigen muss. Ich spüre die Angst, die Wut, die Einsamkeit – alles auf einmal. Wie im Zeitraffer fliegen diese Bilder an mir vorbei, kommen die Erinnerungen mit voller Wucht zurück. Ich will schreien, doch kein Ton kommt über meine Lippen. Mein Hals ist wie zugschnürt, der Mund fühlt sich auf einmal heiß und trocken an. Kalter Schweiß rinnt mir den Rücken hinunter …

※ ※ ※

Der Mann ist mir als Person völlig egal. Es spielt für mich auch überhaupt keine Rolle, dass er es im Lauf seiner Karriere vom Terroristen-Strafverteidiger zum sogenannten Law-and-Order-Innenminister der Bundesrepublik Deutschland brachte. Allein sein physisches Erscheinen in meinem persönlichen Alltag, und wenn nur für wenige Sekunden und so viele Jahre später, reichte damals aus, um mich aus der Bahn zu werfen. Jetzt, da ich diese Szene nochmals innerlich durchlebt habe und ihr Echo in meinen Gefühlen und Gedanken einigermaßen verhallt ist, schreibe ich ganz spontan »›Es‹ sagen können« auf das Arbeitsblatt. Denn wer Angst und Scham fühlt, erlebt sich erst wieder als ein Teil der menschlichen Gemeinschaft, wenn er darüber sprechen kann. Wer etwas Schweres und Schmerzliches ausdrücken kann, der hat es zuvor bedacht, abgewogen, hinterfragt, also in sich zugelassen.

Schmerzendes Gefühl / Alte Energie	Gegengefühl / Spiegelenergie
Einsamkeit	Verbundenheit
Ohnmacht	Selbstverantwortlichkeit
Innere Sprachlosigkeit	»Es« sagen können

Warum habe ich »Kämpfen müssen« als verdichtete Form des Ausdrucks meiner damaligen Gefühle zu Papier gebracht? Sicher, Kampf und Gewalt waren bestimmende Faktoren meines alltäglichen Daseins. Und dies nicht nur indirekt, eben weil mein Zuhause, obwohl inmitten einer Hochburg der friedlich-gutbürgerlichen Wohlstandswelt gelegen, selbst doch wie eine vom Feind belagerte Burg anmutete. Kampf und Gewalt gehörten viele Jahre ganz handfest zu meinem Alltag. Sie prägten mein Schülerleben bis zur Oberstufe. Lange war ich den Schlägen und Erniedrigungen älterer Mitschüler ausgesetzt, für die ich den Blitzableiter ihres Zorns – beziehungsweise des Zorns ihrer Eltern – über die politischen Entscheidungen meines Vaters spielen musste.

Mit der Zeit wuchsen meine Möglichkeiten, mich körperlich zu wehren. Ich begann selbst die Regeln anzuwenden, die unter Jugendlichen halt so herrschen. Anstatt auf Attacken zu warten, ging ich lieber selbst, wenn es mir nötig erschien, zum Angriff über. Ich wurde selbst gewalttätig, nach dem kruden Gesetz der Straße oder auch des Schulhofs: Wer zuerst zuschlägt, lebt besser. Gewalt mit Gewalt zu beantworten wurde ein Teil meiner Natur.

Die Zwillingsschwester des Kampfes aber ist und bleibt die Flucht, man mag kämpfen, so viel und so gut man will. Da ich in einem polizeilich perfekt organisierten Hochsicherheitsumfeld unter minutiöser Überwachung lebte, erschien mir äußere Flucht zwar sinnlos. Ich habe nie erwogen, von zu Hause wegzulaufen, denn sofort wäre eine Großfahndung ausgelöst worden. Ich kannte die Polizei und ihre Möglichkeiten zu gut, um nicht zu wissen, dass man mich nach kurzer Zeit aufgegriffen hätte. Diese Art Flucht war chancenlos. Und nach meiner Ergreifung wäre alles nur noch schlimmer geworden, davon war ich überzeugt.

Was blieb, war die innere Flucht. Ich verabschiedete mich in ein Land der Träume. Ich las sehr viel und wurde zu einem der eifrigsten Benutzer der Ortsbibliothek von Oggersheim. Abenteuerromane, Berichte aus fernen Ländern, vor allen den USA, faszinierten mich. In einer Zeit vor dem Internet und mit nur drei Fernsehkanälen bildeten die Fantasiewelten des Lesens die einzigen Fluchtwege, die mir nicht verschlossen waren. Ich las die Nächte durch, um meine Angst zu vergessen.

Doch am nächsten Morgen platzten diese Träume mit unbarmherziger Regelmäßigkeit. Wieder wurde ich von mit Maschinenpistolen bewaffneten Polizeibeamten in die Schule gefahren. Am Schultor stieg ich aus, nein: Ich wurde ausgesetzt. Das alltägliche Spektakel nahm seinen Lauf. Hänseleien, Beleidigungen und Hiebe. Ich musste mich erneut meiner Haut erwehren.

Anfänglich war ich klein und schwach. Ich war nun einmal den älteren Schülern körperlich hoffnungslos unterlegen. Wenigstens diese Art des Leidens nahm ab der zehnten Klasse ein Ende. Ich schoss binnen zwei Jahren fast 40 Zentimeter in die Höhe und wurde dank meiner wachsenden Körperkräfte zunehmend unangreifbar, jedenfalls physisch.

Außerdem trainierte ich eifrig im Ersten Judo Club Ludwigshafen. Meine Spezialität, die Beinschere, verschaffte mir

Respekt. Judo sah ich zunächst nur als eine Möglichkeit, noch besser kämpfen zu lernen. Denn so interpretierte ich meine Erfahrungen aus der Schule: Man muss kämpfen wollen und können. Es schien immer klarer zu werden: Das Leben ist ein Kampf. Du musst kämpfen, wenn nötig hart und erbarmungslos. Diese Einstellung machte mich für manche meiner Mitmenschen, die es gut mit mir meinten, teilweise unerträglich. Also verschärfte die innere Einstellung des Kämpfers meine Isolation nur noch, statt sie aufzuheben.

* * *

Anfang der 1990er-Jahre hat New York City zwei Gesichter. Der drastische Unterschied zwischen beiden zeigt sich nirgendwo so deutlich wie in dem Viertel, wo ich arbeite, in Midtown Manhattan, in direkter Nachbarschaft von Rockefeller Center und Radio City Music Hall. Was tagsüber eine der besten Adressen der Stadt und ein wahrer Touristenmagnet ist, verwandelt sich nach 21 Uhr binnen weniger Minuten in sein Gegenteil. Die teuren Geschäfte vergittert, die arbeitende Bevölkerung aus den Büros in den Wolkenkratzern nach Hause entschwunden. Nicht so aber in unserer Bank, wo vor allem die unteren Dienstgrade bis spät in die Nacht gefordert werden und man selten vor 22 Uhr Feierabend hat.

Wenn man mittags zum Lunch auf die Straße geht, pulsiert dort die glitzernde Weltstadt mit einem großen, starken Herzen. Keine zwölf Stunden später ist sie scheintot. Der Wind bläst Getränkedosen und alte Zeitungen durch die Straßenschluchten. Es stinkt aus den Gullys. Die Avenue of the Americas, am Tage eine Prachtmeile, kommt zum Marktplatz der Dealer, zur Schlafstätte von Obdachlosen und zur Domäne des Drogenstrichs herunter. Es ist, als ob man auf einer Theaterbühne die

Kulisse beibehalten, aber die Akteure komplett ausgetauscht hätte.

Im Büro bilden diese Verhältnisse ein großes Gesprächsthema. Selbst in diesem nicht besonders arbeitnehmerfreundlichen Land wagt man es, die Stimme zu erheben: Erst schinde ich mich bis in die Nacht hinein für die Firma – und dann werde ich auf dem Nachhauseweg noch überfallen oder angegriffen. Schließlich wird ein Taxidienst organisiert, der direkt am Haupteingang die Mitarbeiter abholt.

Komisch, denke ich bei mir. Tagsüber machen wir auf toughe Investmentbanker, und nachts machen wir uns in die Hosen, wenn wir nur einen Schritt vor die Tür setzen.

Ich wohne in der Lexington Avenue, in Höhe der 63. Straße, sodass mein direkter Heimweg genau entlang des besonders verrufenen Abschnitts der Avenue of the Americas führt. Tag für Tag erlebe ich, wie mein Körper sich im Laufe der langen Arbeitsstunden förmlich bis zum Zerreißen verspannt. »Stress« ist etwas, von dem man hier nicht spricht – aber nicht, weil wir ihn nicht kennen, sondern weil wir nichts anderes kennen. Mein Körper fühlt sich abends an wie ein Dampfkochtopf. Ich muss mich jetzt einfach bewegen! Der knapp zwanzigminütige Fußweg nach Hause ist eine willkommene Wohltat, ein Auslaufen überschüssiger Energie.

Ich gehe also immer zu Fuß nach Hause, manchmal im Anzug und mit Schlips, manchmal im Hemd mit aufgerollten Ärmeln und geöffnetem Kragen. Ich laufe einfach schnurgeradeaus, atme die heiße, stickige New Yorker Sommerluft gierig ein, als wäre es eine erfrischende Nordseebrise. Und fühle mich befreit und wohl. Links und rechts von mir ducken sich schemenhafte Gestalten weg. Ich habe keine Angst. Im Gegenteil. Ich fühle das Adrenalin in meinen Adern. Keiner kann mir was, und keiner will mir was. Ich fühle mich wie ein Eisbrecher, der sich seinen Weg durchs Packeis bahnt. Der Krieger in mir ist hellwach. Ich erinnere mich an meine Tage auf der Offiziersschule in Hammelburg, in der uns eingebläut wurde, schwierigen Situationen offensiv zu begegnen, innerlich den Finger stets am Abzug zu haben. Bereit sein zur Aggression, das ist auf diesen abendlichen Heimwegen meine Einstellung. Da schalte ich automatisch in den altbekannten, gut eingeübten Kampfmodus. Ich gehe einfach die Straße hinunter, innerlich kalt und weit weg von mir selbst. Und wer mich angreifen will, soll es doch probieren, er würde schon sehen, was dann passiert. Und, das ist das Paradoxe, diese Haltung entspannt mich ... In den zwei Jahren, in denen ich abends nach Hause laufe, werde ich nie angegriffen und so gut wie nie angesprochen. Dieses Gefühl der inneren Aggression und Kälte schenkt mir Sicherheit und Ruhe, sodass ich immer ganz entspannt in unserer Wohnung ankomme.

* * *

Jetzt, im Nachdenken über die Spiegelenergie von »Kämpfen müssen«, kämpfe ich zunächst wieder einmal mit meiner inneren Widersprüchlichkeit. Die Erinnerung an New York zeigt mir, dass auch mein damaliges Gebaren eigentlich ein Triumph meiner Grundüberzeugung war, ich sei nicht wichtig und mein Verlust kein Verlust. Denn natürlich hatte ich Angst, ich redete mir das Gegenteil nur ein. Was halt noch stärker war als die Angst, das war das stumpfe Gefühl der Gleichgültigkeit gegenüber mir selbst, als einem Menschen, der sich selbst nur wenig bis gar nichts wert ist. Ja, ich ließ es damals darauf ankommen, dass dieser Mensch einfach von der Bildfläche verschwand ...

Und doch, wenn ich weiter darüber nachdenke, dann scheint mir »Nicht kämpfen« keine wirkliche Alternative zu sein. Allein schon wegen meines Hangs, innere Konflikte immer noch zu vertuschen, anstatt sie anzunehmen, auszuhalten und mit mir selbst auszutragen. Unser Leben ist auch Kampf, sowohl innerlich wie äußerlich, aber eben nicht nur. Kampf gehört zum Leben, aber er darf das Leben nicht beherrschen, man darf sich nicht *verkämpfen*. Der innere Kampf darf uns nicht auffressen, und wenn man nach außen hin kämpft, einfach weil es nötig ist, sollte man Kollateralschäden möglichst vermeiden. Auch hier geht es wieder einmal um das *Wie*, nicht nur um das *Was* beziehungsweise *Wofür*. Wie also kämpft man richtig? So muss ich fragen.

Schon beim Judo habe ich eine Form des Kampfes kennengelernt, bei der man nicht blindlings auf Angriff geht und auf die Zerstörung des Gegners aus ist. Beim Judo und noch mehr beim Aikido nutzt man mit Geschick die Kraft und Energie des Gegners, um ihn zu besiegen. So konnte ich mich auf der Matte auch gegen deutlich stärkere Gegner behaupten. Ich lernte es, den Angreifer ins Leere laufen zu lassen und die Wucht seines Angriffs durch Anwendung der Hebelwirkung zu meinem Vorteil zu nutzen. Zu diesem Zweck gibt es zahlreiche Kniffs und Techniken, es ist aber auch eine ganz entscheidende mentale Voraussetzung vonnöten: Gelassenheit. Weder Wut noch Angst dürfen die Konzentration trüben. Lässt man sich auf die Hitze des Gefechts ein, erkennt man seine Chance entweder erst gar nicht oder das eigene Timing wird fahrig und ungenau.

Hier scheint mir der Schlüssel zu liegen, um das Prinzip in mein tägliches Leben zu übertragen. Meine Art zu kämpfen muss in einer gelassenen Souveränität gründen, einer Art des Kämpfens also, bei der ich mich nicht durch Affekte steuern lasse: weder durch Rachegelüste und Zorn noch durch Angst und Duckmäuserei. Ich darf mich nicht von meinen Emotionen hinreißen lassen und muss das Gefühl für die Situation und für den anderen Menschen behalten. Auch im Streitgespräch muss der Kopf frei sein, damit das rechte Maß gewahrt bleibt.

Diese Methode auf der Matte und dann auf dem Schulhof angewendet zu haben verschafft mir zumindest ein Gefühl für die Sache. Es geht immer auch darum, genügend Selbstvertrauen und Mut zu entwickeln, die legitimen eigenen Interessen auch gegen Widerstände zu wahren. Wenn ich kämpfen kann, ohne ausfallend, aggressiv und verletzend zu werden, werde ich meine eigenen Interessen ohne schlechtes Gewissen und mit Saft und Kraft vertreten können! Ich weiß, es ist noch ein langer Weg, bis ich so weit sein werde – aber es muss doch möglich sein ...

Das waren meine entscheidenden Gedanken im Nachsinnen über die Spiegelenergie zu »Kämpfen müssen«. Heute kann ich rückblickend sagen, ein Augenöffner war für mich tatsächlich die Begegnung mit der asiatischen Mentalität, wie ich sie zunächst durch meine Frau und inzwischen auch durch intensive Kontakte mit Geschäftspartnern aus Korea und China sowie viele Aufenthalte vor Ort kennenlernte. Am meisten beeindruckte mich das Modell von Yin und Yang, von der Harmonie zwischen den Gegensätzen. Dadurch lernte ich, mein Entweder-oder-Denken zu relativieren und schrittweise eine Sowohl-als-auch-Mentalität in mir zu fördern.

Zurück zum Ausfüllen des Arbeitsblatts: Aufgrund meiner eigenen Erfahrungen und weil ich inzwischen wirklich schon einige Fortschritte damit gemacht hatte, mich nicht mehr sinnlos zu verkämpfen, konnte ich guten Gewissens meine gesuchte Spiegelenergie in die Liste eintragen: »Gelassen kämpfen«. Obwohl ich sehr gut wusste, dass für mich schon aufgrund meines angeborenen Temperaments gerade hier lebenslanges Lernen angesagt ist. Und ich konnte mir ebenfalls sicher sein, dass das Leben mir dafür die richtigen Lektionen erteilen würde. Ja, da konnte ich mir sicher sein, schon wegen der mir zugeteilten Herausforderung, sogar ohne eigenes Zutun immer auch ein öffentliches Leben führen zu müssen.

Schmerzendes Gefühl / Alte Energie	Gegengefühl / Spiegelenergie
Einsamkeit	Verbundenheit
Ohnmacht	Selbstverantwortlichkeit
Innere Sprachlosigkeit	»Es« sagen können
Kämpfen müssen	Gelassen kämpfen

Ich habe jetzt also schon vier attraktive, mir tragfähig erscheinende Alternativen gefunden, um alte Muster aufzubrechen. Das macht doch Freude! Nachdem ich also schon bis hierhin gekommen bin, glaube ich fast, ein gewisses Händchen dafür entwickelt zu haben. Wird die Sache mir jetzt leichter von der Hand gehen?

Schon bald erhalte ich einen kleinen Dämpfer. Ich muss feststellen, dass auch der nächste Schritt nicht gerade einfach ist. Eigentlich ja auch nicht weiter erstaunlich, geht es doch um eine Art unheiliger Allianz zwischen Gefühl und Denken, die gewohnheitsmäßig für Verwirrung sorgt. Die Frage, was »Ungerechtigkeit« oder – wahlweise – »Gerechtigkeit« sei, kann leidenschaftliche Diskussionen auslösen. Das sind große Worte von enormer Tragweite, aber leider ohne jede allgemeingültige Definition. Wie das Schicksal es wollte, war es für mich als Kind, als Jugendlicher und auch noch als junger Erwachsener ein ganz entscheidender Faktor, dass ich die mir auferlegten inneren Lasten als »ungerecht« empfand.

»Warum ich? Was habe ich nur getan, dass es so sein muss?

Warum werde ich dafür bestraft, dass ich den Namen Kohl trage, und die anderen Kinder in meiner Schule dürfen ganz normal leben? Das ist ungerecht, böse, fies und gemein.«

Das schrie es in jenen Jahren aus meiner wunden Seele, und doch vermochte ich dieses überwältigende Gefühl des Verletzt- und Verstoßen-Werdens nicht auszusprechen. Und ich lernte ständig besser, es nicht einmal zuzulassen, sondern entwickelte meine großen und kleinen Fluchten, um vor mir und anderen zu verbergen, wie es wirklich in mir aussah. Diese offensichtlich sinnlose Gewalt, diese gefühlte Willkür des Schicksals überforderten mich bei Weitem. Es nützte aber nichts, sich in einer inneren Burg zu verschanzen. Weder schützte mich die Mauer, die ich um mich errichtete, noch dass ich aus allen Rohren zu feuern begann, sobald meine Kräfte wuchsen. Ich stand doch immer und überall mit dem Rücken zur Wand. So war mein damaliges Lebensgefühl.

Nun aber ist der Erwachsene gefordert. Was also ist »ungerecht«? Andersherum gefragt: Gibt es etwas wie »Gerechtigkeit«? Oder sprechen wir eigentlich immer nur von »gefühlter (Un-)Gerechtigkeit«, wenn wir sagen: »Das ist (un)gerecht!«

Diskutieren wir miteinander über Gerechtigkeit und Ungerechtigkeit, so erfahren wir sehr bald, dass dabei nur auf einer rein abstrakten Ebene fraglose Einigkeit hergestellt werden kann. Eine konkrete Gerechtigkeit, die allen zusagt, gibt es nicht. Was mich persönlich hier aber interessiert, ist die psychologische Seite des Themas. Und da fällt einfach auf, dass wir für Dinge, die nach Empörung förmlich schreien, oft viel weniger Gefühlsenergie aufbringen als für Dinge, die doch eher triviale Ausrutscher darstellen. Ist es nicht erstaunlich, dass wir mehr Gefühlsenergie über das Ausbleiben eines Schiedsrichterpfiffs beim Fußball verwenden als angesichts der traurigen Tatsache, dass jeden Tag unschuldige Kinder vor

Hunger sterben? Eine Antwort darauf wäre, streng genommen, schon wieder eine subjektive Aussage. Jedenfalls insofern, als dass auch dahinter ein Wertmaßstab stecken wird, den ich mein Eigen nenne. Ja, auch ich kann mich maßlos darüber aufregen, wenn meine Lauterer den – in meinen Augen natürlich berechtigten! – Elfer nicht bekommen, und demgegenüber in aller Gemütsruhe meinen Morgenkaffee schlürfen, selbst wenn die Zeitung, die ich dabei lese, wieder einmal diese furchtbaren Bilder aus Afrika zeigt.

Es ist diese Widersprüchlichkeit, die ich manchmal beklemmend finde. Es liegt mir fern, darüber zu urteilen. Vielleicht »ist der Mensch nun mal so« – traurig, aber wahr. Was mir entscheidend erscheint: Es ist ausnahmslos eine *gefühlte* Ungerechtigkeit, die uns plagt. Und wenn wir daran interessiert sind, über unsere eigene Widersprüchlichkeit nicht nur kühl hinwegzugehen, sondern uns damit zu beschäftigen, dann kann »gefühlte Ungerechtigkeit« eine Menge über uns aussagen. Zumindest sollten wir vorsichtiger werden gegenüber unserem Gefühl, ungerecht behandelt zu werden.

Gefühlte Ungerechtigkeit entsteht, wenn wir uns zurückgesetzt fühlen, wenn unser Gerechtigkeitsgefühl verletzt wird, wenn Grenzen überschritten werden und Dinge, von denen wir glauben, dass sie uns zustehen, uns vorenthalten oder zerstört werden. Gefühlte Ungerechtigkeit trägt das Element nicht erfüllter Erwartungen und Ansprüche in sich. Jetzt, da ich mich dieser Interpretation öffne, wird mir mein Dilemma klar.

Als Kind und Jugendlicher hegte ich die unausgesprochene Erwartung, so wie andere Kinder leben zu können. Aber dem war nicht so. Mein Schicksal war, dass ich in dieser bestimmten Herkunftsfamilie zu jener Zeit groß werden sollte, und damals war für mich nun einmal der Terrorismus ein Teil des Pakets. Als Kind war mir das nicht klar, ich sah ja nicht, welche Pakete meine Klassenkameraden zu tragen hatten, denn meine damalige Isolation machte mich auch unwissend in Bezug auf das Leben anderer Menschen. Ich sah nur meinen eigenen Käfig, aber nicht die Käfige der anderen.

Nun bin ich ja nicht erst seit gestern am Nachdenken über mein Terrorismusthema. Auch mit der Frage nach dem Schicksal des Menschen habe ich mich recht ausführlich beschäftigt. Das heißt, mit Warum-Fragen, auf die es keine Darum-Antworten gibt. Ich hatte den Schlüssel auch schon einmal in der Hand, aber mir fehlte das passende Schloss, in das ich ihn stecken konnte, um endlich Frieden mit meinem Schicksal zu machen. Jetzt aber, vor meinem Blatt Papier sitzend, erinnere ich mich daran.

※ ※ ※

Im Jahre 2004 muss ich mich einer Operation unterziehen und rücke ins Krankenhaus ein. Nachdem ich mich unters Messer gelegt habe und alles auf gutem Weg ist, freue ich mich richtig darauf, ein paar Tage der Ruhe im Bett genießen zu dürfen. Das Beste hier ist wirklich das strikte Handyverbot! So liege ich denn da und darf endlich einmal nichts tun, muss einfach nur wieder gesund werden.

Am zweiten Tag beginnt die sogenannte Mobilisierung. Ich soll mich gezielt bewegen, erst im Zimmer und danach auf kurzen Spaziergängen im Stationsflur. Ich schleiche langsam den Gang rauf und runter, und als das langweilig wird, beschließe ich, über die Treppe eine Etage nach unten zu gehen um dann wieder bis zum Aufzug zurückzulaufen.

Mein Schneckentempo hat den Vorteil, dass ich mit Muße alles beobachten kann. Die Geschäftigkeit der Ärzte und Schwestern, das Kommen und Gehen von Besuchern, alles scheint jetzt interessant, denn meine körperliche Beeinträchtigung bremst mich in meinem gewohnten Tempo aus und lässt mich meine Umwelt fast wie unter dem Vergrößerungsglas wahrnehmen. Auf halbem Weg aber wird mir doch etwas flau, und ich schaue mich nach einem Plätzchen um, wo ich mich ausruhen kann. Da erblicke ich an einer der Türen ein Schild mit der Aufschrift »Kapelle«. Neugierig drücke ich die Klinke, schaue hinein – und bin im ersten Moment doch etwas enttäuscht. In meiner gehobenen Stimmung habe ich tatsächlich eine richtige Kapelle erwartet, das hier aber entpuppt sich als leer geräumtes Krankenzimmer mit einigen Stahlrohrstühlen, einem Tisch mit einem kleinen Kruzifix und einem Regal mit ein paar Büchern und Zeitschriften.

Ich schlurfe trotzdem hinein, denn ich muss mich setzen, um wieder zu Kräften zu kommen. Um mich herum tiefe Stille. Als ich mich umsehe, fällt mein Blick auf das Titelbild einer der Zeitschriften. Es zeigt einen US-Soldaten im Kampfeinsatz im Irak. Darunter die Frage: »Herr, was ist gerecht?«

Neugierig geworden, nehme ich das Heft aus dem Regal und blättere zum Artikel vor. Ein amerikanischer Armeeseelsorger aus einer Panzereinheit aus der nahe gelegenen Friedberger Garnison hat ihn verfasst. Wenn ich zum Fenster hinausblicke, kann ich fast bis zur Kaserne sehen, in der er vielleicht jetzt gerade seinen Dienst tut.

Der Pastor schreibt über die Traumatisierung der Soldaten seiner Einheit, über ihr Ringen mit den Folgen ihres Tuns, von ihrer Suche nach Gerechtigkeit und Sinn, angesichts all der Gewalt und dem ganzen Leid des Krieges. Seine Gedanken über seelsorgerische Gespräche mit amerikanischen Soldaten, aber auch mit irakischen Zivilisten berühren mich, vor allem aufgrund der Ehrlichkeit und Authentizität, die daraus sprechen. Eine Passage fällt mir besonders ins Auge.

Da bekennt dieser Pastor, dass er irgendwann die Suche nach Gerechtigkeit aufgegeben habe. Wenn Soldaten zu ihm kommen, schenke er ihnen sein Ohr, aber er verzichte darauf, sie mit eigenen Worten aufzumuntern. Stattdessen erzähle er ihnen aus der Bibel, von Hiob. Und er gibt zu, dass er selbst den jungen Männern, die so viel Schreckliches erlebt haben, keine einfachen Antworten in ihrem Ringen mit Willkür und Ungerechtigkeit geben könne. So ein Gespräch beende er immer auf die gleiche Weise: »Ich kann dich nur bitten, das Buch Hiob zu lesen, und für dich hoffen und beten, dass du dort deine Antworten findest.«

Ich schließe meine Augen und lasse die Worte des Pastors auf mich wirken. Irgendwann stehe ich auf, nehme eine der Bibeln vom Regal und stecke sie in die Tasche meines Bademantels. Langsam kehre ich zu meinem Zimmer zurück.

Ein eigentümliches Gefühl hat Besitz von mir ergriffen. Ohne sagen zu können, warum, spüre ich mit einer großen Sicherheit, dass ich ganz nah an einer Klärung bin und dass mir das Schicksal bei meinem Besuch in der Krankenhauskapelle einen Wink gegeben hat. So kommt es, dass ich mehrere Tage mit Hiob verbringe. Ohne Telefon und E-Mail, ohne irgendwelche Pflichten befinde ich mich in einer Situation, die dafür wie perfekt geschaffen ist. Ich lese den Text mehrfach, erst um die Handlung zu verstehen, dann um die Botschaft in mich aufzunehmen. Ich komme mir vor wie ein Taucher, der langsam immer tiefer hinabgleitet und sich dabei einer magischen Truhe, die in der Tiefe des Meeres ruht, nähert. Ganz langsam, aber unbeirrbar. Als ich die »Truhe« dann erreiche und öffne, sehe ich einen flachen Stein in ihr liegen, auf dem zwei Worte eingraviert sind: »Akzeptanz« und »Vertrauen«. Beides die Qualitäten von Hiob. Jetzt habe ich den Militärpfarrer verstanden, und zwar nicht nur im Kopf, sondern im Herzen.

Gerade eben entlassen, suche ich nochmals die Kapelle auf. Leider ist das Heft inzwischen verschwunden. Ich hätte es gern als Erinnerung gehabt und bin etwas enttäuscht. Doch dann entscheide ich mich für etwas anderes: mich zu freuen, dass es vielleicht von jemandem mitgenommen wurde, der daraus ebenso viel Gutes entnehmen kann, wie ich. Das hoffe ich zumindest. Schließlich stelle ich meine ausgeliehene Bibel wieder ins Regal zurück, bekreuzige mich vor dem Kruzifix und gehe meiner Wege, zurück in meinen Alltag.

※ ※ ※

Dank Hiob begann ich zu verstehen: Ich habe die Wahl. Entweder konnte ich für den Rest meiner Tage meinen Erwartungen und Ansprüchen hinterherjagen, mich zum Abhängigen einer vagen Hoffnung auf Gerechtigkeit machen, oder ich konnte loslassen, vertrauen, akzeptieren und damit aktiv und selbstbestimmt einen Schlussstrich unter all meine gefühlten Ungerechtigkeiten ziehen.

Aber so richtig bereit dazu bin ich damals, nach meinem Krankenhausaufenthalt, noch nicht gewesen. Doch jetzt, in meiner Meditation über meine inneren Bürden, die ich aus der Vergangenheit mit mir herumschleppe, da sollte ich es doch können! Zumindest kann ich einen weiteren Schritt in diese Richtung gehen. Ich entschließe mich hiermit ein für alle Mal und unwiderruflich, den überfälligen Schlussstrich zu ziehen! Und der hat einen Namen, den ich ja schon kenne: Akzeptanz und Vertrauen. Ich trage beide Begriffe als Spiegelenergie zu »Ungerechtigkeit« ein, schreibe mir aber noch Folgendes dazu:

Es ist, wie es ist, und ich nehme es an. Ich kann das Vergangene nicht mehr ändern, und jetzt mache ich das Beste daraus.

Diese wenigen, fast lapidaren Worte bilden den Abschluss meiner Betrachtungen zur gefühlten Ungerechtigkeit meiner »Terrorismusjahre«.

Auf dieser Basis konnte ich anschließend sogar noch zu einer weiteren Einsicht gelangen. Niemand leidet unter »meiner« Ungerechtigkeit – außer mir selbst. Also bin ich gut beraten, nicht länger einer Utopie hinterherzujagen. Im Gegenteil, ich bin aufgefordert, mich der Realität zu stellen, und die lautet klipp und klar: Meine Leidenszeit ist glücklicherweise vorbei. Meine alten Gefühle sind so berechtigt wie nur jedes Gefühl, aber sie stellen mir jetzt das Leben vor die Tür, wenn ich sie immer noch mit Energie nähre. Deshalb will ich mich nicht länger von ihnen beherrschen lassen. Von jetzt an will ich meinen Frieden, sonst nichts!

Und wie? Durch rückhaltlose Akzeptanz aller meiner damaligen leidvollen Erlebnisse und der Gefühle des Zorns, die sie mir bescherten. Denn heute kann ich mir diese Gefühle vergeben und mich innerlich neu aufstellen. Dazu habe ich jetzt die Kraft und die Freiheit, das ist mein Privileg. Der Weg zu diesem Frieden mit der gefühlten Ungerechtigkeit verläuft über Akzeptanz und Vertrauen, denn sie führen mich aus dem alten Gefängnis der Bewertung und Verurteilung in die neue Freiheit des Zulassens.

Schmerzendes Gefühl / Alte Energie	Gegengefühl / Spiegelenergie
Einsamkeit	Verbundenheit
Ohnmacht	Selbstverantwortlichkeit
Innere Sprachlosigkeit	»Es« sagen können
Kämpfen müssen	Gelassen kämpfen
Ungerechtigkeit	Akzeptanz und Vertrauen

Und jetzt der letzte Begriff auf meiner Liste, »eigene Wertlosigkeit«. Mein wundester Punkt. Das, wovor ich mich am längsten versteckt habe und was sich dennoch so gravierend auf mein Leben ausgewirkt hat. Hierzu gehört der Glaubenssatz: »Ich bin nichts wert, mein Verlust ist kein Verlust.«

Ich überlege jetzt also, aus welchen Quellen sich das Gefühl meiner Wertlosigkeit speiste. Da muss ich nicht lange suchen. Besonders während der langen Kanzlerschaft meines Vaters war es so, dass ich häufig gar nicht als eigenständiger Mensch wahrgenommen, sondern wie ein exotisches Tier begafft wurde. Und alles, was mir gelang, war mir in den Augen der meisten Menschen sowieso nur gelungen, weil ich von Kindesbeinen an von goldenen Löffeln gegessen haben musste. Wenn mir aber etwas misslang, dann war auch das in ihren Augen selbstverständlich, denn der Sohn eines solchen Vaters zu sein nährt den Verdacht, dass man ein geborener Versager ist. Irgendwann fängt man dann an, sich diese Anschauungen selbst zu eigen zu machen, und das kommt einer Selbstvernichtung schon recht nahe.

※ ※ ※

»Papa, alle Brasilianer sind blöd.«

Ich schaue meinen Sohn verdutzt an. Er steht kurz vor seiner Einschulung, ein Meilenstein in seinem noch jungen Leben. Aber was ihm jetzt viel wichtiger ist: In diesen Wochen findet die Fußballweltmeisterschaft statt, und wir verfolgen zusammen alle Spiele des deutschen Teams. Für mich eine willkommene Ablenkung, denn ich befinde mich in meinem tiefsten Tal der Tränen.

Gerade ein Jahr ist es her, dass meine Mutter gegangen ist. Die Nachbeben der CDU-Parteispendenaffäre sind noch fühlbar. Und jetzt erlebe ich die letzte Phase meiner ersten Ehe. Für mich herrscht Rosenkrieg. Ich weiß, dass mein bisheriger Lebensentwurf gescheitert ist. Jeden Morgen frage ich mich, warum ich eigentlich überhaupt noch aufstehe und den morschen Rahmen meines Lebens immer wieder mit Aktivitäten fülle, die mir doch nur sinnlos erscheinen. Ich empfinde in aller Deutlichkeit, dass ich einzig mechanisch vor mich hin funktioniere. Mein Sohn ist die einzige Klammer, die mein Leben überhaupt noch zusammenhält.

Also, nach dem Halbfinalsieg gegen Korea steht Deutschland nun morgen im Endspiel gegen Brasilien. Mein Kleiner hat sein Urteil über die Brasilianer mit ernstem Gesicht und lauter Stimme gefällt, so als spräche er von einer Kanzel. Ich ahne etwas, frage aber trotzdem zurück: »Ach ja. Woher weißt du das denn? Kennst du viele Brasilianer?«

Die Gegenfrage scheint ihm gar nicht zu gefallen. Sie bringt ihn ein wenig aus dem Konzept. Er schaut mich an und wiederholt mit Bestimmtheit:

»Alle Brasilianer sind einfach blöd.«

»Okay, und wie viele Brasilianer kennst du denn nun?«

Er zögert. Ziert sich. Etwas arbeitet in ihm. Schaut mich von unten her schräg an und presst mit einer Mischung aus Verlegenheit und Trotz hervor:

»Keinen ... aber ...«

»Aber ... was?«, frage ich nach, und versuche, jeden Vorwurf aus meiner Stimme zu nehmen. »Wenn du keinen einzigen Brasilianer kennst, woher weißt du denn dann, dass alle Brasilianer blöd sind?«

»Weil die Laura das gesagt hat.«

Er scheint erleichtert, sich auf eine echte Autorität beziehen zu können. Laura ist ein Mädchen aus seiner Kindergartengruppe.

»Und woher weiß die Laura das?«, bohre ich nach.

»Weiß ich nicht.«

Er schaut mir erwartungsvoll ins Gesicht. Ich bitte ihn, sich zu mir zu setzen. Lege den Arm um seine Schulter und sage ernst:

»Es ist immer wichtig, zu wissen, warum man etwas sagt.«

»Und warum sagt die das?«, lautet sofort die Gegenfrage

»Ich weiß es nicht, warum sie das sagt«, muss ich zugeben, »aber ich bin mir ziemlich sicher, dass Laura keine Brasilianer kennt und ihre Eltern wahrscheinlich auch nicht. Deshalb sind nicht die Brasilianer blöd, sondern es ist blöd, so etwas zu sagen.«

Er schaut mich nun ganz interessiert an. Es entwickelt sich ein wunderbares Gespräch über Wissen und Nichtwissen und dass man fremden Menschen nicht mit vorgefassten Urteilen begegnen sollte. Dabei erzähle ich ihm von der »5-mal-Warum-Methode«, bei der man fünfmal mit »Warum?« nachfragt. Spätestens nach dem fünften Mal kommt die Wahrheit ans Licht, in diesem Fall Nichtwissen und Vorurteile.[1]

Er legt den Kopf schief, was er immer macht, wenn er heftig nachdenkt. Dann grinst er und haut mich freundschaftlich auf den Bizeps.

»Aber Papa, du hast doch vorhin nur vier Fragen gebraucht!«

Ich bin perplex. Fühle mich so ähnlich wie beim Memory-Spielen, wo er mir schon seit seinem vierten Lebensjahr keine Chance mehr lässt.

---

[1] Im Rahmen des Toyota-Produktionssystems wurde die Anwendung eines Prozesses entwickelt, der *Fünf Mal Warum* genannt wird. Indem man fünfmal die Frage »Warum?« stellt und jedes Mal eine Antwort gegeben werden muss, kann die wahre Ursache eines Problems identifiziert werden. Diese versteckt sich hinter Symptomen, die nacheinander vom eigentlichen Problem getrennt werden müssen.

Und muss plötzlich loslachen, für einmal von meiner großen Last befreit. Er schmiegt sich noch kurz an mich, springt auf und läuft aus dem Wohnzimmer, nicht ohne mir noch über die Schulter ein kurzes »Danke!« zuzurufen.

Ich bleibe noch eine Weile sitzen. Fühle mich berührt und beschenkt. Das eben war wie ein warmer Sonnenstrahl, der mein Herz erreicht und der mir zeigt, dass ich als Vater gebraucht werde und dass ich in seinem Leben etwas bewirken kann.

※ ※ ※

Das Erlebnis mit meinem Sohn anlässlich der Fußball-WM 2002 gab mir ein Stück Selbstwertgefühl zurück. Ich war wohl doch nicht ganz so unwichtig, wie ich gedacht hatte. Für diesen Menschen jedenfalls war ich wichtig, bei ihm hatten meine Worte Gewicht und Wert. Während ich mich jetzt an diese Szene zurückerinnere, frage ich mich, warum ich meine damaligen Selbstmordpläne nicht gleich aufgab. Der Stachel des vermeintlich gescheiterten Lebens saß offenbar immer noch zu fest. Ich saß zu tief im Loch der negativen Gefühle und Gedanken. Aber es sollte nur noch einige Zeit dauern, bis ich mich endlich so weit herausgearbeitet hatte, dass ich mich entschied, nicht meiner Mutter zu folgen. Und erneut war es mein kleiner Sohn, der mir, ohne es zu wissen, die Hand reichte und mich endgültig zurück ins Leben führte. Davon habe ich ja bereits berichtet.

Im Erleben dieses Augenblicks, in der lebhaften Erinnerung an das Gespräch mit meinem Sohn und als Folge meiner Nachbetrachtung beginnt sich eine Spiegelenergie abzuzeichnen, und zwar tatsächlich in Form eines intensiven, warmen Gefühls. Ich betrachte diese Empfindung mit gesammelter Aufmerksamkeit. Ich nehme sie als ein Geschenk wahr, das ich an einer sicheren Stelle meines Inneren aufbewahren werde, um es jederzeit hervorholen und seine heilsame Energie auf mich wirken lassen zu können. Das erscheint mir jetzt wichtiger, als einen schlichten Aussagesatz in mein Formular einzutragen wie: »Ich bin okay, ich habe doch einen Wert.« Man soll es auch nicht übertreiben mit dem Aufschreiben. Worauf es ankommt, ist die authentische innere Arbeit!

Somit ist meine Übung zum Energiewandel vollendet! Das Ergebnis ist ein einziges Blatt Papier mit wenigen Worten darauf – die aber haben es in sich! Diese schlichte Übersicht ist nichts Geringeres als ein Navigationssystem auf meinem Versöhnungsweg. Die gedanklichen Grundlagen sind gelegt. Und auch die emotionalen. Die Themen sind gesetzt und die Ziele erkennbar. Um meine Richtung zu finden, um auf den verschlungenen Pfaden des Lebens möglichst die richtigen Abzweigungen zu nehmen, sollte mein innerer Kompass immer exakt justiert sein. Auch daran muss man arbeiten. Wir sollten uns nicht nur körperlich, sondern auch seelisch fit halten. Auch eine Kuh, die endlich vom Eis geholt wurde, will jeden Tag gefüttert werden. Darum möchte ich hier noch ein paar Hinweise geben, wie der Energielevel bei der Versöhnungsarbeit hoch gehalten werden kann.

Wer sich persönlich entwickeln will, muss innere Arbeit leisten. Aber das ist nur möglich, wenn wir uns die Zeit dafür nehmen und die entsprechenden Rahmenbedingungen schaffen. Das bedeutet zunächst, das Übermaß an Hektik und Zerstreutheit, die unseren gewöhnlichen Zustand darstellen, immer wieder zurückzufahren. Wir sollten die Möglichkeit haben und nutzen, uns regelmäßig aus unserem Alltag zurückzuziehen. Vorübergehend, aber komplett. Wir benötigen dazu einen Ort, an dem uns weder Telefon noch E-Mail, noch andere ablenkende Einflüsse erreichen können. Wir müssen unbedingt sicherstellen, dass uns dort nichts und niemand stört. Wir brauchen eine Möglichkeit zur reclusio, zum Rückzug und Abschluss von der Welt. Das klingt nicht nur nach Kloster, es ist ein Stück Kloster – allerdings im eigenen häuslichen Rahmen. Natürlich sollten wir das mit unseren Lieben besprechen, damit sie verstehen, dass wir die vorübergehende Einsamkeit nicht etwa suchen, weil wir nicht mehr für sie da sein wollen, sondern im Gegenteil: weil wir uns auch dafür fit machen wollen, in den Stürmen des Alltags offenen Herzens und freien Geistes auf sie zugehen zu können.

Ich selbst habe gute Erfahrungen auch mit Orten außerhalb meines eigenen Heims gemacht. Meine Versöhnungsorte befinden sich in der freien Natur oder in bestimmten Kirchen, es sind Orte der Kraft und der Kontemplation, in denen ruhiges Alleinsein nicht auffällt. Wenn ich dort hingehe, nehme ich nur mein ausgefülltes Arbeitsblatt, einen Schreibblock und einen Stift mit. Alles andere bleibt draußen. Ich setze mich hin und beginne meine Innenschau mit der Frage:

Kannst du alle genannten Energien (die alten und die neuen) annehmen?

Wenn wir uns in Stille in eine Frage wie diese versenken, spüren wir zunächst meistens die eigene innere Unruhe. Das ist nicht nur in Ordnung, es muss sogar so sein. Es geht gar nicht anders, denn so wie man in den Wald hineinruft, so schallt es heraus. Wenn wir das Echo unserer überwiegend fahrigen, überaktiven Lebensform nicht ertragen können, wie sollen wir es dann jemals lernen, die Ohren gegenüber den feineren Tönen in unserem Innern aufzustellen? Diese Phase gilt es, einfach auszuhalten – mit der richtigen Mischung aus Demut und Hartnäckigkeit. Schon bald werden die Pausen zwischen unseren gedanklichen Assoziationen länger, und da gilt es, hineinzuspüren. Es werden auch ganz neue Gedanken kommen, und daraus werden irgendwann Antworten. Das geschieht, wie man gerne sagt, heimlich, still und leise. Nicht alles wird wertvoll sein, was da hochkommt, aber das innere Ohr schärft sich mit der Zeit, es nimmt Echtes und Unechtes unterschiedlich wahr, und auch diesen Unterschied lernen wir zu erkennen. Das ist der Punkt, an dem wir die Freiheit zu erfahren beginnen, uns aus Ablehnung oder Identifikation, aus Kampf oder Flucht zu lösen. Wie ein Schwimmer auf den kühlen Wellen des Meeres treiben wir im reinen Gefühl und nehmen Einkehr bei uns selbst. Schrittweise nehmen wir alle unsere Gefühle wahr, egal ob sie ruhig oder unruhig, angenehm oder unangenehm sind, und kommen damit unserem Kern näher.

Immer wieder wird uns dabei vor Augen geführt, dass alle unsere Gefühle »wahr« sind, auch die alten, belastenden. Sie sind »real« – eben eine Realität unseres Lebens, und indem wir das nicht nur erkennen, sondern auch empfinden, bedrohen und schmerzen sie uns schon ein kleines bisschen weniger. Es ist ein hohes Ziel, das innere Feld so zu bestellen, dass wirklich alle Furchen gerade gezogen sind. Wer schafft das schon? Aber bereits wenn wir auf unsere Gefühle zu sehen vermögen, ohne dabei vor Schreck zu erstarren oder uns Vorwürfe zu machen, ist schon viel gewonnen! Wir betrachten sie, als ob wir sie aus der Ferne erblickten. Wir werden tatsächlich zu Beobachtern unserer eigenen Gefühle! Und das Wichtigste ist, dass wir auch jene Gefühle zu ertragen lernen, die uns nicht so gefallen. Es ist auch dieses Ertragen-Können seiner selbst, das inneren Wandel möglich macht. Hier in den Kampf mit sich selbst einzusteigen ist gefährlich.

Es gibt einen Richter in uns, der sieht, aber niemals straft.
Wir können diesem inneren Richter jederzeit ein Urteil ablauschen und werden immer und überall den rechten Beurtei-

lungsmaßstab finden. Wir sollten uns viel Zeit dafür lassen. Wie lange? Solange wir brauchen. Diese Zeit wird nicht in Minuten und Stunden gemessen, sondern in dem Gefühl des Näherkommens. Es gehört zu unserer Freiheit, den Prozess zu unterbrechen und nach einigen Tagen wieder neu aufzunehmen. Stets bleiben wir Herr des Verfahrens, setzen es in dem Tempo fort, das uns entspricht. Aber wir erlauben uns auch keine unnötigen Pausen und Ablenkungen. Denn wir wissen, an dieser Stelle beginnt der Wandel, auf den wir so lange gewartet haben, und jetzt gilt es, die Chance beherzt beim Schopfe zu ergreifen.

Sobald wir dazu bereit sind, gehen wir einen Schritt weiter und stellen uns die nächste Frage:

Wer wäre ich ohne diese schmerzenden Gefühle?

Gerade für Menschen, die sehr in ihr »Thema« verstrickt sind, mag diese Frage überraschen – möglicherweise sogar abwegig klingen. Was ein ziemlich deutlicher Hinweis wäre, dass man sich unterschwellig provoziert fühlt. Ein Knopf wird gedrückt – mit großer Sicherheit zu erkennen daran, wenn das damit verbundene Urteil mit einer Ablehnung verbunden ist. Dann geht die Frage zu tief, und man erträgt es nicht. Wenn ein Mensch so sehr in belastenden Gedanken verstrickt ist, dass sie quasi zur Selbstverständlichkeit werden, wenn sie ihn also begleiten wie ein Schatten, dann wird er sie auch nicht hinterfragen wollen.

Ich kenne das: Man wacht mit diesen nagenden Fragen und (ver)urteilenden Aussagesätzen am Morgen auf, sie begleiten einen durch den ganzen Tag, und man geht mit ihnen am Abend zu Bett. Mit der Zeit werden solche trüben Gedanken zu einem Teil meiner Realität, und ich kann mir ein Leben ohne sie eigentlich gar nicht mehr vorstellen. Damit erhalten sie auch einen festen Platz in meinem Selbstbild, was lebenslanges Exil im Opferland bedeuten kann.

Wer wäre ich selbst ohne diese zählebigen Gedanken und Gefühle der Einsamkeit und Ohnmacht, der äußeren und inneren Sprachlosigkeit? Verblüffend einfach, die Antwort: Ich wäre ein glücklicher Mensch! Befreit, fröhlich, zufrieden und entspannt. Und für andere Menschen wäre es mit mir viel schöner und angenehmer. Schon weil ich selbst ihnen viel unverkrampfter und gelassener begegnen könnte. Und nicht zu vergessen, mir selbst auch ...

Warum also nehmen wir uns nicht endlich die Freiheit, glücklich zu sein? Einfach indem wir damit anfangen, uns ein Leben ohne solche Gedanken überhaupt erst einmal *vorzustellen*? Schließlich gab es ja auch einmal eine Zeit ohne sie, in der Zeit vor dem Erlebnis, das sie verursachte. All diese ungehindert wuchernden Gedanken haben eine Ursache, sie wurden irgendwann durch Ereignisse und Erfahrungen in unser Leben gesät. In meinem Fall traten sie durch den RAF-Terrorismus in mein Leben. Vorher hatte ich sie nicht. Ich war ein Kind, das mit Nachbarskindern spielte und den Vater seines Freundes bewunderte, weil dieser selbst einen Lastwagen fahren konnte, während mein eigener Vater von jemand anders in einem viel kleineren Auto nach Hause gefahren werden musste. So einfach war auch für mich einmal die Welt! Ja, es gab auch für mich, den Walter, einmal ein Leben ohne diese niederschmetternden Gedanken und Gefühle – vorher, bevor gewisse Dinge ihren Lauf nahmen. Warum sollte es nicht auch später wieder ein Leben ohne sie geben können?

Wenn wir es schaffen, der Frage »Wer wärst du ohne diese Gedanken?« freien Raum in unserem Herzen zu geben, dann können wir schon das Licht am Ende des Tunnels sehen. Denn dann bekommen wir einen ersten Eindruck von einem Leben ohne innere Verurteilungen, die, so absurd es erscheint, immer mit dem Gedanken, ein Opfer zu sein, einhergehen.

Dann akzeptieren wir das *Was* und konzentrieren unsere Kraft auf die Arbeit an unserem neuen *Wie*.

Was aber ist die Ursache dafür, dass wir uns obendrein auch noch dafür verurteilen, ein Opfer zu sein? Es ist die Ahnung, dass es im Grunde doch in unserer Hand liegt, uns *nicht* als Opfer zu fühlen. Gewiss: Vieles liegt in den Umständen, im Verhalten und den Ansichten anderer, aber nicht nur Nebensächlichkeiten befinden sich in unserem eigenen Handlungsbereich. Das weiß jeder. Wir alle ahnen, dass wir nur selten in Situationen geraten, ohne dass wir in irgendeiner Weise auch an den Ursachen dafür beteiligt sind. Mir erschien das lange derart abwegig, dass ich nicht entfernt daran dachte, es könnte so sein. Heute sehe ich es anders.

Deshalb folgt jetzt die Frage:

»*Was ist mein Anteil an der Situation? Wo und wie habe ich jemanden verletzt, sei es jemand anders oder mich selbst?*«

In diese Richtung zu fragen unterstützt den unbefangenen, wohlwollenden inneren Richter in uns bei seiner Wahrheitsfindung. Und es hilft, Mitgefühl für den oder die (vermeintlichen) Täter zu entwickeln, die mich (scheinbar) in den Kreislauf von Schuld und Sühne gezogen haben. Diesen Kreislauf gilt es, zu durchbrechen, wenn wir uns aus dem Opferland befreien wollen. Versöhnung statt Schuld! Gerade weil wir gerne be- und verurteilen und »Schuldige« für unsere Misere ausfindig zu machen trachten, ist die Umkehrung unserer bisherigen Denkrichtung essenziell. Nur so wechseln wir aus der Rolle des Opfers in die des Gestalters. Der bewusste Perspektivwechsel schafft innere Distanz zum Geschehen und Geschehenen. Wir üben uns in Wertungsfreiheit, indem wir auch die andere Seite zu ihrem Recht kommen lassen.

Aus dieser Perspektive sieht alles ganz anders aus. »In den Schuhen eines anderen zu gehen« ist eine große, ungemein befreiende Sache. Umso mehr, wenn die bisherige, subjektive Wertung der Situation scheinbar so eindeutig, so gewohnt (und vielleicht auch bequem) war. Die Herausforderung ist immens. Sogleich erhebt sich innerer Protest: »Welchen Anteil soll ich denn haben? Ich habe doch nicht angegriffen. Ich habe doch nichts getan, es sind die anderen, die verantwortlich sind. Ich bin doch das Opfer, nicht der Täter. Seit wann haben Opfer einen Anteil an der Tat?«

Für mich selbst, angesichts meines Ausgeliefertseins gegenüber dem Linksterrorismus, wurde diese Frage zu einem kniffligen Test. Wo, bitteschön, sollte ich, auch noch als Kind, den RAF-Leuten Unrecht angetan haben? Das kann doch nicht ernst gemeint sein – so mein Reflex. Es fiel mir schwer, diese automatische Reaktion zu überwinden. Doch es blieb ein Reflex, das heißt letztlich: ein unbewusstes Verhalten. Hier, nirgendwo sonst, lag der Kern meiner Opferhaltung. Instinktiv spürte ich, dass ich meine selbstverständliche, ja irgendwie »geliebte« Opferrolle gar nicht loslassen *wollte*. Denn wo wäre sonst mein sorgfältig gepflegtes Selbstverständnis als vom Schicksal geschlagener Mensch geblieben?

Bis hierhin galt für mich eine scheinbar einfache Wahrheit: Mein Anteil an der Situation war der des Opfers, nicht des Täters. Doch nach einem ersten inneren Aufbegehren kam ein zweiter Gedanke: Ich habe vielleicht den Terroristen kein Unrecht getan (das war für mich als Kind und Jugendlicher ja auch rein praktisch unmöglich), aber ich habe *meinem eigenen Herzen Unrecht getan.*

Lange Jahre war ich von einem abgrundtiefen Hass gegenüber den RAF-Terroristen beseelt. In meinen Fantasien wollte ich sie nur töten, ihnen schreckliche Strafen für ihre Verbrechen antun, sie zerstören. Ich suchte Rache und hätte am liebsten, insbesondere nach meiner Nahkampfausbildung bei der

Bundeswehr, Selbstjustiz geübt. Für sie schien mir das Gefängnis, und dann noch in der »Luxusausführung« von Stammheim, eine viel zu milde Strafe. Hätte ich tatsächlich die Möglichkeit zur Rache gehabt, wer weiß, was passiert wäre. Diese Reminiszenz stimmte mich doch sehr nachdenklich, und ich musste meinen wohlwollenden inneren Richter mit aller Kraft aufbieten, um auch jene dunklen Seiten meiner selbst überhaupt anzusehen, die ich gerne verdrängte, auf die ich auch heute noch alles andere als stolz bin.

Durch meinen Hass habe ich mich mit der Zeit letztlich selbst vergiftet. Ich musste lernen: Wer andere Menschen hasst, beginnt auch irgendwann sich selbst zu hassen. Hass ist wie ein Virus. Ist er einmal in uns, dann beginnt er zu wuchern. Alle Versuche, ihn zu verkapseln, sind zum Scheitern verurteilt. Hass streut mit der Zeit in alle Bereiche unserer Seele, genau wie es Krebszellen im Körper tun.

Nach intensiver Reflexion wurde mir bewusst: Mein Anteil an der Situation ist mein Zorn, der sich irgendwann als Hass verselbstständigt hatte. So berechtigt und verständlich dieser Zorn auch ursprünglich gewesen sein mag, der sich daraus entwickelnde Hass verselbstständigte sich schließlich bis zur Selbstzerstörung. Diese Einsicht war verstörend, anfänglich schwer zu verdauen.

Man kann und sollte sogar noch weiter gehen. Nämlich mit der Frage:

»Was haben die Beteiligten mir Gutes getan?«

Keine Scheu! So absurd es zunächst klingen mag, diese Frage vertieft nur den Perspektivwechsel. Heißt es nicht, die Wahrheit liege in der Mitte? Also könnte es doch, trotz allem, sogar möglich sein, dass auch die Täter gelitten haben. Zorn und Schmerz haben uns blind gemacht für die guten Dinge, die wir womöglich von diesen Menschen empfangen haben. Sie haben uns zur Voreingenommenheit verführt. Wir hatten so gut wie keinen inneren Abstand, woher wollen wir wissen, dass wir nicht der Vorverurteilung unterlagen? Es hat fürwahr lange gedauert, aber heute habe ich ein weit differenzierteres Bild der Ursachen und Entwicklungsstränge des deutschen Linksterrorismus. Durch meine nachträgliche Beschäftigung mit dem Thema betrachte ich die RAF-Zeiten heute als eine tragische Übertreibung, als eine wildwüchsige, blindwütige Reaktion auf die gesellschaftlichen Verkrustungen der 1960er-Jahre und die damit einhergehende politische, intellektuelle – und auch emotionale – Stagnation.

Heute kann ich den Terrorismus als Phänomen betrachten, ohne mich dabei gleichzeitig persönlich angegriffen zu fühlen. Wenn man einzelne Opfer wie Hanns-Martin Schleyer und Alfred Herrhausen persönlich kannte, empfindet man das als einen großen Schritt. Die Ermordung dieser beiden Menschen erschütterte mich deshalb in meinen Grundfesten, weil ich zu beiden ein Verhältnis aufgebaut hatte, das nicht davon abhing, wessen Sohn ich war. Deshalb hat mich ihre hinterhältige Tötung in abgrundtiefen Hass getrieben, denn sie berührte mich in meinem tiefsten Wunsch: endlich der zu sein, der ich bin. Doch heute vermag ich zwischen meiner Person und der Funktion »Sohn vom Kohl« so sauber zu trennen, dass ich mich auch damit versöhnen kann.

Ein einfacher Gedanke schenkte mir viel innere Ruhe: Hätte ein anderer Junge an meiner Stelle gestanden, hätte er auch meine Erfahrungen tragen müssen. Den Terroristen war Walter Kohl völlig egal. Für diese Fanatiker waren die Familien ihrer »Feinde« nur Mittel zum Zweck. Nicht mehr und nicht weniger. Ich hatte sicherheitstechnisch das Pech, zur falschen Zeit am falschen Ort zu sein. Ein schicksalhaftes Pech. So einfach oder so schwer ist das.

Aber dieses Pech erleben viele Menschen in den unterschiedlichsten Situationen, oft noch in viel schlimmerer Form. Heute, im Rückblick aus meiner neuen Perspektive, kann ich sagen, dass meine Familie und ich sogar noch viel Glück gehabt haben.

* * *

Stefan Tiefenbacher war schon als Jugendlicher ein begeisterter Saxofonist. Weil er nicht die Möglichkeit hatte, seine Berufung zum Beruf zu machen, absolvierte er eine Lehre als Bauzeichner. Durch Auftritte in verschiedenen Bands besserte er sich mit dem Saxofon das Lehrgeld auf. Später finanzierte er mit der Musik sein Abitur auf dem zweiten Bildungsweg. Er hatte gerade einen Studienplatz für Bauingenieurwesen erhalten, als er völlig unverschuldet Opfer eines Verkehrsunfalls wurde. Das linke teilamputierte Bein wurde reimplantiert und nachträglich versteift. Aber, was für ihn viel schlimmer war, er hatte seinen linken Arm verloren. Dazu kam ein schweres Schädel-Hirn-Trauma. Sein bisheriges Leben schien ausgelöscht … Nach etwa drei Monaten im Koma war Stefan im Zustand eines Kleinkinds und musste die einfachsten Bewegungsabläufe neu erlernen. Auch waren ihm aufgrund der Hirnverletzung selbst seine engsten Familienmitglieder fremd geworden.

Was machte er? Verkroch er sich in seinem Elend? Versank er im Sud negativer Gefühle? Wurde er zum vorbildlichen Bürger des Opferlands? Nein, er schaffte den Energiewandel. Seine Familie, vor allem seine Mutter, stützte ihn, und er hatte zudem das Glück, dass engagierte Musiktherapeuten erkannten, wie sehr Musik sein Lebenselixier war. Sie führten ihn langsam wieder an das Musizieren heran. Es wurde ein Instrumentenbauer gefunden, der das vorhandene Instrument zum Spielen nur mit der rechten Hand umbaute. Das Mittel war gefunden, um Stefan erneut Sinn und Freude am Leben zu geben! Er nutzte seine Chance.

Notenlesen ist ihm nicht mehr möglich, er spielt nach Gefühl und Gehör. So konnte er sich zum weltweit wohl einzigen einhändigen professionellen Saxofonisten weiterentwickeln und neues Selbstbewusstsein zurückgewinnen. Inzwischen hat er mehrere CDs eingespielt und tritt öffentlich auf. Die Musik ist sein bester Freund und seine beste Therapie.

Als ich Stefan Tiefenbacher in seiner Wohnung besuchte, sprachen wir über den Unfall, dessen Folgen und sein Leben. Wir diskutierten über Zorn, Ungerechtigkeit und inneren Frieden angesichts solcher Schicksalsschläge. Stefan überraschte mich mit einer ebenso einfachen wie klaren Aussage. Er sagte sinngemäß zu mir:

»Weißt du, dem Autofahrer bin ich nicht böse. Was muss er alles leiden, denn er weiß um seine Schuld. Ich habe es da besser. Mir geht es da noch echt gut.«

Als er diese Worte zu mir sprach, wurde ich ganz still. Ich war beschämt. Welche Größe und Weisheit sprachen aus diesen Worten. Welch tiefer innerer Frieden!

* * *

Jetzt bitte nicht nachlassen! Noch gilt es, zwei Fragen zu beantworten. Es werden auch die letzten zum Thema Energiewandel sein. Sie lauten:

»Was lerne ich aus dieser Erfahrung?
Wie soll mein Frieden konkret aussehen?«

»Konkret« ist ein gefürchtetes Wort. Da zucken immer alle zusammen, weil es wie aus heiterem Himmel ankündigt: Jetzt ist der Spaß vorbei. Jetzt naht der Ernst des Lebens. Also, was meine ich damit?

Wir müssen schlicht und ergreifend prüfen, ob wir unseren Kern berührt haben. Der Versöhnungsweg ist keine Veranstaltung, um mit der Präzision einer Maschine inneren Wandel herbeizuführen. Er ist eine Methode, die wir immer wieder neu entdecken und anwenden müssen, er ist ein Lebensstil, eine innere Einstellung, ein *way of life*.

Versöhnungsthemen wachsen meist aus schon lange in uns schlummernden und schwelenden Erinnerungen heraus. Diese haben sich über Jahre (manchmal Jahrzehnte) hinweg verkrustet und sind fest mit uns verwachsen. Es ist daher illusorisch, zu glauben, dass sie mit einem Schlag, wie von Zauberhand, gelöst werden könnten. Versöhnung ist keine Pille, die man bei Schmerz einfach einwerfen kann. Versöhnung ist Arbeit und Weg, aber auch Freude und Glück. Und auch hartes Brot kann uns nähren, besonders wenn danach ein reichhaltiges Buffet lockt.

Mit etwas Geduld und Ausdauer löst sich Zug um Zug, was in Jahren gewachsen ist. Das kann manchmal nur Tage oder Wochen, wird selten aber weniger als einige Monate dauern. Deshalb sollte man nicht den Mut verlieren, wenn man nicht sofort das gewünschte Ergebnis erzielt. Wer als untrainierter Mensch zum ersten Mal Sport treibt, wird auch nicht sofort mit einem gestählten Körper und einem schicken Sixpack belohnt. Wie im Sport zählen auch hier Ausdauer und regelmäßiges Üben.

Was habe ich selbst, Walter Kohl, durch die Versöhnungsarbeit gelernt? Sicher einiges über meine Disposition, zornig zu werden, zu hassen und Rache üben zu wollen. Dies war keine schöne Erfahrung, aber ein notwendiger Blick in den inneren Spiegel. Versöhnungsarbeit bedeutet auch Auseinandersetzung mit den eigenen dunklen Seiten. Und auch Opfer haben dunkle Seiten und können dadurch zu Tätern werden. Manchmal werden Opfer sogar zu den schrecklichsten Tätern.

Weiterhin habe ich gelernt, dass ich zu meinen Gefühlen der Schwäche und der Ohnmacht nicht nur stehen muss, sondern auch stehen kann, und dass ich mich ihrer nicht schämen muss. Es ist keine Schande (auch als Mann), diese Gefühle zu haben. Sich zu ihnen zu bekennen kann zur Prüfung werden. Diese Erkenntnis ist sehr befreiend und strahlt weit in andere Lebensbereiche aus. Als eine neue Fähigkeit gibt sie mir Kraft und Zuversicht, auch andere Herausforderungen in ganz anderen Lebensfeldern angehen und bewältigen zu können.

Die für mich persönlich wichtigste Errungenschaft – und damit komme ich zum Angstwort »konkret« – ist die Überwindung meiner Sprachlosigkeit und Ohnmacht. Ich hoffe, es ist mir in diesem Buch gelungen, mich nicht im *Was* zu verlieren, sondern auch den richtigen Ton getroffen und damit auch dem *Wie* den gebührenden Platz eingeräumt zu haben. Jemand, dem ich dieses Manuskript vorab zu lesen gab, bemerkte, es sei ein »komisches« Buch. Es schwanke zwischen Erzählerischem und Pädagogischem hin und her. Nun ja, es ist nicht einfach, konkret zu werden, bei Themen, die sowohl das Innere als auch das Äußere berühren. Manchmal dient das Äußere dazu, das Innere ans Licht zu holen. Manchmal muss man über geradezu ungreifbar Inneres sprechen, um das Äußere mit Substanz zu erfüllen. Ich habe an mir gearbeitet und mich nach Kräften bemüht, mich auf meine wahren Gedanken und echten Gefühle zu konzentrieren. So viel kann ich sagen.

Vierter Schritt:
Mein Friedensvertrag mit mir selbst

Auf dem Weg der Versöhnung darf es letztlich keine Sieger und Verlierer, keine Guten und Bösen, keine Schuldzuweisungen oder Beschimpfungen geben. Es gibt nur einen guten, nachhaltigen Frieden, einen Frieden, mit dem alle Beteiligten nach bestem Vermögen leben können. Das ist die Idealvorstellung, aber wir können nicht darauf warten, dass alle dazu bereit sind, sich in neuer Harmonie zusammenzuschließen. Was also tun? Es ist klar, wir müssen wiederum bei und mit uns selbst anfangen, um das bis hierher Erreichte weiter und zu Ende zu führen.

Wichtige belastende Erfahrungen, Gedanken und Gefühle sind erkannt und auf den Punkt gebracht. Ebenso ihr jeweiliges Gegenstück, in Form der Spiegelenergien, die dem erstrebten Wandel in unserem Denken und Fühlen ein sichtbares Ziel setzen. Dieser Wandel braucht Zeit – nicht selten mehrere Jahre, in meinem Fall waren es sogar ungefähr zehn Jahre. Es ist ein Prozess, durch den wir vom Opfer zum Gestalter werden. Die alten, schmerzhaften Energien waren Ausdruck von Passivität und Überforderung. Die Spiegelenergien reflektieren eine neu entdeckte Souveränität, die Fähigkeit und den Willen zu leben, anstatt gelebt zu werden. Wir lagen unbewusst im Krieg mit uns selbst, nun ist uns bewusst, dass Frieden herrschen kann und muss. Die inneren Konflikte sind bei Weitem nicht ausgestanden, aber sie können jetzt mit friedlichen Mitteln ausgetragen werden, die Lösung ist auf dem Weg!

Im Zusammenleben der Menschen ist es eine bewährte Praxis, offene Konflikte mit einem förmlichen Abschluss zu beenden. Zum einen müssen die Streitinhalte geklärt und die Verhältnisse neu geordnet werden. Das ist die inhaltliche Seite. Zum anderen bedarf es eines sichtbaren Zeichens, um immer wieder daran zu erinnern, dass Frieden nie eine Selbstverständlichkeit ist, sondern jeden Tag immer wieder neu gewonnen wird. Das ist die symbolische Seite, und sie erscheint mir genauso wichtig wie die rein inhaltliche.

Um die neue Ordnung zu dokumentieren und um der inneren Verpflichtung, Frieden zu schaffen, sichtbaren Ausdruck zu verleihen, schlage ich vor, einen Friedensvertrag zu schließen. Darin sollte der ganze Berg an Problemthemen ebenso wie die heilsamen Gegenmittel nochmals umrissen werden, diesmal aber nicht in Form einer Übersicht, sondern als zusammenhängender Text. Dieser ist dann die Essenz unseres gesamten Versöhnungswegs. Einen solchen Friedensvertrag zu haben fühlt sich gut an. Verbindlichkeit und Befreiung gewinnen die Oberhand. Was nützt innere Versöhnung, wenn wir uns nicht verpflichtet fühlen, sie auch nach außen hin zu leben? Ein sichtbares Zeichen dafür zu setzen ist aufbauend, ermutigend und stärkend.

Und wir können dieses Zeichen sofort setzen. Wir brauchen nicht auf die anderen Beteiligten zu warten. Wir *sollten* nicht auf sie warten, denn Zeit zu verlieren heißt Leben zu verlieren. Das vermeiden wir, indem wir den Friedensvertrag mit uns selbst schließen.

Aber kann man das? Muss es nicht zwei Parteien für einen Friedensvertrag geben?

Ich meine, nein. Nicht in diesem besonderen Fall. Es ist schon ein großer Gewinn, wenn ich den Vertrag mit mir selbst schließe, mit mir ganz allein. Und dies nicht nur aus praktischen, sondern auch aus ganz prinzipiellen Gründen.

Die praktischen Gründe liegen auf der Hand: Es ist ja klar, dass wir niemanden dazu zwingen können und wollen, Frieden zu machen. Wer nicht will, der will nicht. Ich selbst habe nur die Freiheit, die Dinge im Rahmen meiner eigenen Möglichkeiten zu gestalten, also selbst Frieden zu finden. Meine Freiheit endet dort, wo die Freiheit des anderen beginnt. Auch seine Freiheit, womöglich keinen Frieden machen zu wollen. Außerdem ist es insbesondere bei weit in die eigene Vergangenheit zurückreichenden Problemthemen nicht selten der Fall, dass ein Konfliktpartner verstorben ist. Meine Mutter ist seit über zehn Jahren tot, mit ihr kann ich kein persönliches Gespräch mehr führen, außer in meinem Herzen. Dennoch war es für mich sehr wichtig, meinen Frieden mit ihrem Selbstmord zu machen.

Hier scheint der ganz prinzipielle Grund auf, warum auch ein einseitiger Friedensvertrag den Versöhnungsgedanken weitertragen kann: Wir festigen damit unseren Entschluss, ein für alle Mal aus dem inneren Konflikt auszusteigen. Wir sind aktiv und klären etwas mit uns selbst. Somit leisten wir auch einen Beitrag zum Frieden mit den Konfliktpartnern, selbst wenn diese uns immer wieder Knüppel zwischen die Beine werfen sollten. Wir können dann ja immer noch zum nützlichen Mittel des gelassenen Kampfes greifen, um ebenso geschickt wie friedlich zu handeln. Niemand muss sich in den Schmutz ziehen lassen – und man kann trotzdem die Hand zur Versöhnung reichen.

Ausgesprochen segensreich ist der einseitige Friedensvertrag, wenn zwei Menschen sich getrennt haben, ihre Lebensverhältnisse aber noch eng miteinander verknüpft bleiben. Das ist ja in der Regel bei Scheidungen der Fall, wo es um die Neuordnung der materiellen Verhältnisse und um das Sorgerecht für die Kinder geht. Es wirkt spürbar deeskalierend, auch wenn nur einer der beiden den aufrichtigen Willen zu einem versöhnten Umgang mit dem anderen hegt und dies per Friedensvertrag mit sich selbst emotional »unterfüttert«. Dies kann auch bedeuten, sich innerlich damit zu arrangieren, dass es der andere ist, der gehen will, und dass er vielleicht sogar keinen weiteren Kontakt wünscht. Wer es ernst mit dem Willen zum Frieden meint, der sollte auch diesen Wunsch respektieren. Wirklicher Frieden kennt kein Wenn und Aber, also auch nicht den Hintergedanken, dass der andere doch bitteschön ebenfalls versöhnt auftreten sollte. Das ist vielleicht das Schwerste: seinen Frieden damit zu machen, dass der andere keinen Frieden will. Durch den Friedensvertrag mit mir selbst trage ich dem Rechnung.

Ein wichtiges Kriterium für einen belastbaren Friedensvertrag ist somit die vollständige Erwartungslosigkeit gegenüber dem anderen. Man sollte sich stets vergegenwärtigen, dass der Weg der Versöhnung eine sehr persönliche Entscheidung ist und dass andere Menschen sie nicht unbedingt gutheißen. Ja, es kann sogar vorkommen, dass sie Versöhnung als eine irritierende Form von Egoismus ansehen.

Gerade wenn man selbst durch die neu errungene innere Freiheit sich in einer gehobenen Gefühlslage befindet, könnte es dazu kommen, dass man in die »Eigentlich-müsste-doch-Falle« läuft. Wer die ganze Welt umarmen könnte, neigt zu der Erwartung, sie müsste ihn zurück umarmen. Das führt dann sehr leicht ins erneute Urteilen und Erwarten: »Jetzt habe ich schon so viele Schritte auf den anderen zugemacht, mich so sehr bemüht, jetzt müsste er sich doch eigentlich auch etwas auf mich zubewegen.«

So verständlich das sein mag, es verletzt doch das Grundprinzip der Erwartungslosigkeit. Versöhnung wird dann unter der Hand zum Deal. Wer sich wirklich versöhnt hat, der hat auch wirklich seinen Frieden gefunden. Er hegt keine speziellen Erwartungen an den anderen mehr, auch nicht heimlich. Was von der anderen Seite kommt, das kommt – im Guten wie im Schlechten. Sollte es zu einer beidseitigen Versöhnung kommen, wäre das wunderbar. Sollte es nicht der Fall sein – auch gut. Denn Ziel der eigenen Versöhnung ist in erster Linie nicht die Gefühlslage des anderen, sondern selbst zu leben, was wir fühlen – und es in Frieden mit uns selbst und der Welt zu tun.

Ein Friedensvertrag mit dem Ziel der Versöhnung wird also zunächst für uns selbst geschrieben. Gleichwohl hält er die Tür offen, und deshalb muss er auch die Bedürfnisse der anderen Seite – soweit ich sie verstehen und integrieren kann – berücksichtigen. In einem guten Friedensvertrag können sich alle Beteiligten wiederfinden. Er zeigt ein Höchstmaß an Respekt für die Gedanken, Gefühle und Erfahrungen der anderen Seite. Als kurzer, präziser und verbindlicher Text ist er meine verbindliche Erklärung, dass und wie der Konflikt befriedet und abgeschlossen werden soll.

Der Friedensvertrag mit mir selbst ist nichts, das man einfach so herunterschreiben kann. Es ist ein Manifest, eine bedingungslose persönliche Verpflichtungserklärung, die unseren aufrichtigen Gefühlen und ernsthaftesten Gedanken Rechnung tragen sollte. Er muss, mit einem Wort, für uns absolut stimmig sein. Wie bei den Briefen an sich selbst bedarf es auch hier womöglich mehrerer Anläufe, um den endgültigen Text zu erschaffen, man muss ihn gedanklich und gefühlsmäßig Schritt für Schritt entwickeln.

Denn, wie gesagt, dieses »Dokument« soll so lange gültig sein, bis wir unser Ziel erreicht haben, wirklich versöhnt zu sein – mit der eigenen Vergangenheit und allen Menschen, die sie repräsentieren.

Es ist durchaus möglich, mehrere Friedensverträge mit sich selbst zu schließen, jeweils einen für ein bestimmtes Thema. Das sollte man immer dann tun, wenn ein einzelnes Thema für derart wichtig erachtet wird, dass man es für sich allein behandelt und befriedet wissen will. So habe auch ich selbst es gemacht, indem ich mich auf diese Weise zweimal selbst in die Pflicht nahm, ganz unterschiedliche Themen betreffend, dabei aber jeweils auf den gleichen Prinzipien und Überzeugungen aufbauend. Es war auch hier wieder das leidige Terrorismusthema im Spiel, das für mich zu diesem Zeitpunkt aber nur noch eine innere Brisanz aufwies, weil die Zeit der RAF-Anschläge vorbei und meine Rolle als potenzielle Zielperson vorbei war. Dieser Friedensvertrag ist ein Beispiel für ein persönliches Manifest, mit dem eine Phase des Leids und des Kampfes endgültig abgeschlossen werden kann. Denn er behandelte etwas, das vollständig in der Vergangenheit lag und bei dem es keine Neuigkeiten mehr geben konnte.

Die Gefühlsenergie, die durch die bewusste Manifestierung freigesetzt wurde, war stark genug, damit ich einen echten Schlusspunkt setzen konnte, weil der innere Kampf nicht mehr so heiß und die Seele nicht mehr ganz so wund war. Aber es tat doch ungemein wohl und schien psychohygienisch unabdingbar, den Schlusspunkt bewusst, gezielt und kraftvoll zu setzen. Hier ist mein Friedensvertrag, den ich vor Jahren mit mir selbst schloss, um innerlich einen Strich unter meine Terrorismuserfahrungen zu setzen:

Heute akzeptiere ich die Jahre des Terrorismus als einen Teil meines Lebens. Es ist kein schöner Teil, aber ein Teil, der da ist, so wie andere Teile auch. Heute weiß ich, dass ich Glück gehabt habe, denn weder meine Familie noch ich wurden Opfer von Terroristen, wir waren glücklicherweise nur Betroffene.

Ich denke immer wieder an die Opfer, wenn ich zur Sauna nach Bad Homburg gehe und dort am Gedenkstein für Alfred Herrhausen beim Parkhaus vorbeilaufe. Genau an dieser Stelle wurde er 1989 ermordet.

Nicht nur dort begegne ich immer wieder Spuren aus dieser Zeit und Hinweisen auf das Geschehene. Doch das ist für mich kein Problem mehr.
Meine alten Gefühle habe ich anerkannt. Sie sind wahr. Doch ich habe gelernt, mit diesen Gefühlen umzugehen, sie zu wandeln. Ich bin ihnen nicht länger ausgeliefert. Heute kann ich sagen, dass die Terrorzeit mich nicht gebrochen hat, wohl aber verletzt. Ich habe gelernt, mit meinen damaligen Erfahrungen umzugehen. Diese Verletzungen waren tief, aber sie sind durch den Weg der Versöhnung verheilt und vernarbt. Manche Narben bleiben, aber das ist okay. Auch alte Hunde haben oft Narben, aber sie sind dennoch schön und liebenswert.

Ganz anders dagegen mein Friedensvertrag mit meinem Vater. Hier leben die Beteiligten noch, aber es herrschen Trennung und Funkstille. Keiner weiß, was die Zukunft bringen wird, also muss mein Friedensvertrag den Unwägbarkeiten der Zukunft Rechnung tragen, er muss an bestimmten Stellen nach vorne offen sein. Im Herbst 2010 stellte ich mich der Herausforderung. Dabei brauchte ich mehrere Anläufe, um meine Gefühle angemessen ausdrücken und mein Ziel klar und deutlich formulieren zu können. Besonders wichtig war es, für mich selbst den passenden Umgang mit der Entscheidung meines Vaters zu finden, dass er sich für einen neuen Lebensweg außerhalb unserer bisherigen Familie entschieden hat und dass es wohl keine weiteren Kontakte mehr geben würde:

Heute gehe ich weit entspannter mit dem Thema »Sohn vom Kohl« in der Öffentlichkeit um als jemals zuvor in meinem Leben, und das bedeutet einen großen Gewinn an Lebensfreude und Freiheit. Heute kann ich meinen Vater so akzeptieren, wie er ist. Auf diesem Fundament innerer

Akzeptanz habe ich meinen Frieden mit ihm gemacht. Er war nie ein Vater wie andere Väter, er war immer ein Sonderfall. Aber alles Vergleichen, sämtliche daraus von mir abgeleiteten Ansprüche waren unsinnig. Meine alten Sichten führten mich nur ins Opferland, und wie schwierig es für mich war, dort wieder herauszukommen, dürfte deutlich geworden sein.
Ja, es war ein schwerer Weg für mich, einen so ungewöhnlichen Menschen wie ihn als Vater zu akzeptieren. Jeder Mensch kommt mit einem Rucksack auf die Welt, mit einer Bürde, an der er vielleicht sogar lebenslang zu tragen hat. Meine Bürde ist meine Herkunft, ist mein Name. Viel zu lange habe ich versucht, mein Leben in Richtung meines inneren Ideals hinzubiegen, mich in etwas hineinzuträumen, was doch nicht in meiner Macht stand, was nie realistisch war. Dabei habe ich Enttäuschungen erlebt und Menschen verletzt, nicht zuletzt auch meinen Vater. Aber er ist mein Vater, und ich werde nie einen anderen Vater haben können oder wollen. Als sein Sohn bleibe ich ihm, trotz Trennung, immer verbunden.
Ich bin überzeugt, dass er sich manchmal einen anderen Sohn gewünscht hätte, einen Sohn, mit dem er leichter hätte leben können. Heute kann ich das besser nachvollziehen, denn ich versuche mich aktiv in seine Lage zu versetzen. Sicher habe ich ihn manches Mal enttäuscht. Mein eigener Querkopf, auch darin sind wir einander verwandt, war nicht immer mein bester Ratgeber. Für die Verletzungen, die ich ihm zugefügt habe, übernehme ich heute die Verantwortung, diese Fehler tun mir leid.
Deshalb habe ich heute ein neues Verhältnis zu ihm. Er bleibt mein Vater, aber er ist weit weg. Unser jeweiliger Alltag ist ganz anders, ist vollständig voneinander ge-

trennt, jeder geht seinen eigenen Weg, hoffentlich in Freude und Glück. Heute habe ich losgelassen, und das fühlt sich gut an.
Sein politischer und historischer Schatten allerdings lebt weiter in der Welt, in der ich lebe. Auch diesen Schatten nehme ich heute an. Für die allermeisten Menschen bin ich beim ersten Kennenlernen zunächst der »Sohn vom Kohl«. Das ist kein Problem mehr, denn nun kann ich sagen: Ich gestalte mein Leben als Walter Kohl, ich bin der »Sohn vom Kohl«. Dieses Leben nehme ich an, diesen Weg gehe ich.[2]

---

2 Walter Kohl, Leben oder gelebt werden, S. 271 f. Mit freundlicher Genehmigung des Integral Verlags in der Verlagsgruppe Random House, München

Fünfter Schritt: Die neue Kraft im Fluss des Alltags nutzen

Versöhnung ist wie eine Wiedergeburt,
die im Herzen beginnt.
Frère Roger

Dieses Zitat des Gründers der ökumenischen Bruderschaft von Taizé trifft den Nagel auf den Kopf. Versöhnung befreit. Sie erneuert den Menschen. Sie setzt ungeahnte Kräfte frei. All die Energie, die zuvor im inneren Ringen mit den Lasten der Vergangenheit gebunden war, steht jetzt zur Verfügung. Ein erfrischender Schub an Lebensfreude und Glück ist die Folge.

»Wiedergeburt« fasse ich hier nicht im strikten spirituellen Sinne auf, obwohl es das selbstverständlich auch sein kann. Es bedeutet schlicht und ergreifend, dass ein Mensch noch einmal neu anfangen kann. *Innerlich* neu anfangen, denn es muss nicht immer so sein, dass sich das Leben dann auch äußerlich ändert.

Um das Geschenk der Versöhnung bildhaft fassbar zu machen, bat ich die Künstlerin Christiane Püttmann, die Schöpferin der Skulptur »Vergangenheit – Gegenwart – Zukunft«, die bereits besprochen wurde, für mich eine zweite Skulptur zu erstellen. Diese neue Skulptur fertigte sie aus Holz und viel kleiner als das ursprüngliche Werk, denn ich wollte sie in meinen eigenen Alltag mitnehmen und auch anderen Menschen zeigen können.

Für mich hat dieses Bildnis eine wichtige, ganz eigene Aussage. Im Gegensatz zur ursprünglichen Form existieren die drei Zeitzonen, repräsentiert durch die drei Gesichter, jetzt in Einklang miteinander. Keine von ihnen erdrückt die andere, jede hat ihren Platz. Vergangenheit, Gegenwart und Zukunft sollen

Foto: Wolfgang Sauer, Königstein

auch in uns in einer friedlichen Gemeinschaft existieren. Wir sollten um ihre unauflösliche Verbindung, ja, ihre gegenseitige Abhängigkeit voneinander wissen. Doch Abhängigkeit ist hier kein Problem mehr, denn aus dieser Abhängigkeit wird Gemeinsamkeit, und aus Gemeinsamkeit erwächst die Erkenntnis, dass nicht nur alles miteinander verbunden ist, sondern sich auch gegenseitig stützen und erhalten kann.

Allerdings, niemand ist vor Überraschungen gefeit, und schon bald wird es Situationen geben, in denen wir uns fragen: Was ist mir mein Friedensvertrag mit mir selbst wirklich wert?

Versöhnung im Alltag zu leben ist ein weiterer, ja, sogar der eigentliche Prüfstein. Und Prüfungen werden kommen, so viel ist sicher. Und sie werden auch überraschend kommen. Dann wird sich zeigen, ob wir gut aufgestellt sind. Ob wir die neu entwickelte Perspektive einnehmen und mit Gelassenheit und innerer Stärke der Herausforderung begegnen können. Mich erwischte so eine Prüfung rund zwei Jahre nachdem ich meinen einseitigen Friedensvertrag mit meinem Vater geschrieben hatte. Ich war zu diesem Zeitpunkt zwar nicht der Meinung, meine Probleme wären inzwischen auf die Größe von Peanuts geschrumpft, aber erstaunt war ich doch über die Wucht des emotionalen Aufpralls.

※ ※ ※

»Montag – Spiegeltag«: So lautet der bekannte Werbeslogan des Hamburger Nachrichtenmagazins. Für mich warf eine *Spiegel*-Story vom September 2012 schon am Wochenende zuvor ihre Schatten voraus. Mehrere Anrufe von Journalisten erreichten mich, alle mit den gleichen Fragen: »Herr Kohl, haben Sie schon die neue Titelgeschichte über Ihren Vater und Ihre Familie gelesen? Was sagen sie dazu? Wollen Sie sich nicht dazu äußern?«

Aber ich kannte den Artikel noch gar nicht. Was sollte ich also sagen? Natürlich, dass ich mich nicht zu Dingen äußern kann und will, die ich noch gar nicht kenne. Was denn da geschrieben werde, fragte ich zurück. Die Antworten waren eindeutig und übereinstimmend: Verriss, persönliche Angriffe und Herabwürdigungen. Ich bekam ein mulmiges Gefühl. Schon wieder eine Medienattacke, hört das denn nie auf? Dennoch entschied ich mich, zunächst nichts zu tun. Das Heft war nun einmal gedruckt, und ich nahm mir fest vor, möglichst gelassen mit dieser Sache umzugehen – ob mir das gelingen würde?

Montagmorgen, kurz nach sieben Uhr. Ich bin auf der Autobahn unterwegs zu einem Geschäftstermin. An der ersten Raststätte halte ich an, um mir ein Exemplar der Zeitschrift zu kaufen. Schon der Titel mit seinem Bild und den reißerischen Überschriften erschreckt mich. Ein unangenehmer Druck in meinem Bauch entsteht. Jetzt kriegst du eine geklatscht, das ist mein spontanes Gefühl.

Doch jetzt habe ich keine Zeit, mich damit zu befassen. Mein Geschäftstermin hat Priorität. Dort muss ich ruhig und professionell sein, auf keinen Fall verkrampft, abgelenkt oder unsicher. Also werfe ich das Blatt in den Kofferraum. Ich will es nicht bei mir haben, aus den Augen, aus dem Sinn.

12:30 Uhr, mein Termin ist beendet. Ich fahre wieder auf die Autobahn. Nach wenigen Kilometern kommt ein Parkplatz. Dort halte ich an und hole mir das gute Stück aus dem Kofferraum. »So«, denke ich bei mir, »dann wollen wir mal.«

Der Artikel ist knapp elf Seiten lang, fast rekordverdächtig. Bereits nach der Lektüre der ersten Seiten bin ich überrascht über den Mangel an Fakten und die wiederholten Bezüge zu Hörensagen. »Wenig Substanz und viel Gemache«, denke ich bei mir. Doch dann ändert sich der Ton, und ich stoße auf folgende Passage:

»Man tut den beiden Brüdern kein Unrecht, wenn man zu dem Schluss kommt, dass ihr Leben hinter den Erwartungen zurückblieb. Beide haben gute Universitäten besucht und dank der Fürsprache des berühmten Vaters auch beim Berufseinstieg Hilfe erfahren, die andere Kinder so nie bekommen würden. Aber es hat sich daran kein Erfolg angeschlossen, der die Söhne aus dem Schatten des großen Namens hätte heraustreten lassen.«

Ich halte inne und lese den Abschnitt nochmals. Nein, ich habe mich nicht verlesen. Das steht auf dem Papier. »So eine Frechheit, so eine Schweinerei«, kocht es in mir im ersten Moment hoch. Wie können die das einfach über mich schreiben? Sie kennen mich doch gar nicht, wissen nichts über mein Leben. Was gibt ihnen das Recht, solche Meinungen zu verbreiten? Ich lese den Artikel zu Ende und denke nur: Hört das denn nie auf?

Schließlich lehne ich mich im Fahrersitz zurück und atme durch. Wieder mal typisch, denke ich jetzt. Einige Tage zuvor hatte ich ein kurzes Telefonat mit einem der beiden Redakteure gehabt. Da war er mir noch auf die Mitleidstour gekommen. »Bitte Herr Kohl, sprechen Sie mit mir«, flehte er mich förmlich an. »Wir haben doch so wenig Material für diese Titelstory. Kaum einer aus dem Umfeld der Familie will mit uns sprechen.« Ich lehnte ein Gespräch höflich ab und fragte nach, warum der *Spiegel* sich mit solchen Dingen überhaupt beschäftigt. Ob es nicht dringendere Themen als eine weitere Geschichte über meinen Vater gebe?

Das war mein Fehler. Jetzt habe ich für diese freien Worte meine Quittung erhalten. Die Botschaft war unmissverständlich und klar: Dem *Spiegel* widerspricht man nicht, und wer sich ihm widersetzt oder ihn gar provoziert, der muss die Retourkutsche aushalten können. Walter, selbst schuld.

Mitten in diese Gedanken hinein klingelt mein Handy. Der Alltag hat mich wieder. Unsere Firma befindet sich in der Endausscheidung für die Vergabe eines großen Werkzeugprojekts. Der Einkäufer will noch weiter verhandeln. Es sind schwierige Gespräche. Nun gilt es, die Details festzuzurren: Zahlungsbedingungen, Lieferkonditionen, Termine, Preise für Zusatzleistungen. Es ist das übliche Ringen auf den letzten Metern vor der Vergabe.

Inzwischen fahre ich wieder auf der Autobahn. Ich muss schnell ins Büro zurück, überarbeitete Unterlagen sollen noch heute an den Kunden geschickt werden, die Zeit drängt. Mir schwirrt der Kopf. Äußerlich muss ich verhandeln, unverzüglich die letzten Pflöcke einschlagen. Innerlich muss ich meine Verletzung über den Artikel zurückstellen. Jetzt geht die Firma vor. In dieser Phase der Verhandlungen geht es um alles, denn der zweite Sieger geht leer aus. Als ich im Büro ankomme, arbeitet unser Team auf Hochtouren. Alle kämpfen mit, alle wollen gewinnen, den Auftrag holen.

19 Uhr. Das Büro hat sich geleert. Ich bin geschafft. *What a Monday!* Müde kehre ich nach Hause zurück. Dort herrscht völlige Stille. Das erste Mal an diesem hektischen und bewegten Tag: tatsächlich absolute Stille! Raus aus dem Anzug, rein in die bequemen Trainingshosen und die ausgelatschten Hausschlappen. Hunger. Ich werde mir gleich etwas kochen und dann den Abend ausklingen lassen. Doch jetzt muss ich erst noch schnell den Mülleimer rausbringen.

Ich verlasse die Wohnung, gehe zum Müllschlucker und – peng! – ein Windstoß wirft die Haustür zu. Ich fahre herum, bin perplex. O nein, ich habe mich ausgeschlossen! Nur mit Hemd, Trainingshose und Hausschlappen bekleidet, stehe ich mit dem Müllbeutel in der Hand vor der zugefallenen Tür. Kein Geld, kein Handy, keine Schlüssel, außer einem Taschentuch nichts dabei. Frustriert werfe ich den Müllbeutel in den Müllschlucker. Meine Frau ist noch bei einem auswärtigen Termin und wird erst viel später kommen, die Kinder sind unterwegs. Die Nachbarn sind auch nicht da. Stille.

Die Situation erscheint mir schon etwas grotesk. Da verhandelst du mit aller Kraft um einen großen Auftrag, fährst mehrere Hundert Kilometer auf der Autobahn, um neue Kunden zu gewinnen, wirst im *Spiegel* in der Luft zerrissen, und jetzt stehst du auch noch ausgeschlossen vor der eigenen Tür. Ich komme mir vor wie in einer unwirklichen Parallelwelt.

Und nun? Ich werde ruhiger, setze mich neben die Haustür und ... mache überhaupt nichts. Ich sitze einfach nur da. Eine unglaubliche Ruhe umfängt mich wie eine wohlige, warme Decke. Nach all der Hetze und Rennerei des Tages fühle ich mich im wahrsten Sinne des Wortes geerdet. Alle Systeme stehen still, und seltsamerweise macht mir dies gar nichts aus.

Dann höre ich in mir die Frage:

»*Willst du dich weiter ärgern?*«

»Nein, natürlich nicht«, antwortet es zurück. »Und ich ärgere mich, dass ich mich ärgere.«
»Also, dann tue es doch nicht. Hör auf, dich zu ärgern.«
»Aber ich ärgere mich!«, gibt die zweite Stimme zurück.
»Selbst schuld«, lautet die lakonische Replik.
Dieser spontane innere Dialog erheitert mich etwas, macht mich aber auch nachdenklich.

Ich spüre in mich hinein, tausend Gedanken schießen mir durch den Kopf. Ich denke über meinen Friedensvertrag mit dem Thema »Sohn vom Kohl« nach. Den hatte ich 2010 geschrieben, und jetzt scheint der Test gekommen: Gilt der Vertrag auch heute noch, im September 2012?

Damals schrieb ich, dass ich meines Vaters politischen und historischen Schatten annehme, dass ich der »Sohn vom Kohl« bin, dass ich mein Leben als Walter Kohl gestalte, dass ich diesen Weg gehen will.

Große Worte – und ein hoher Anspruch an mich selbst. Hallo, sage ich zu mir. Und jetzt? Nimmst du den Schatten auch und gerade heute an? Auch wenn er so mies daherkommt? Es ist ja klar: Er wird mich immer begleiten, heute in Form dieses Artikels, morgen in völlig anderer, vielleicht ebenso unerwarteter Weise.

Wieder atme ich tief durch. Und staune über mich selbst. Im Bauch steigt Wärme auf. Entspannung lüftet den Kopf. Ja, ich nehme den Schatten auch – und besonders – heute an! Ich lasse mich nicht mehr aus der Bahn werfen! Nicht von so etwas, und auch wenn es im ersten Augenblick wehtut.

Es wird mir immer leichter ums Herz. Meine Entscheidung ist jetzt gefällt. Nein, ich werde mich jetzt nicht öffentlich äußern. Tief in meinem Inneren habe ich schon 2010 gewusst, das solche Situationen eintreten würden. Nun ist es halt passiert. Dieser Artikel ist eine Realität, diese Verunglimpfungen können nicht mehr rückgängig gemacht werden. Aber wie ich damit umgehe, das ist meine alleinige Entscheidung, meine eigene Freiheit.

Ich spüre sogar körperlich, wie sich meine Stimmung ändert. So sitze ich schließlich vergnügt vor der verschlossenen Tür. Der ganze Tag mit seinen Belastungen scheint wie ausgewechselt. Ich lächle vor mich hin, fühle mich wohl. Es ist ein milder Herbstabend. Ich friere nicht. Alles ist gut.

In diese tiefe Ruhe tönt nach einer Weile das Geräusch des Aufzugs. Die Tür öffnet sich, und meine Frau tritt heraus. Überrascht und erschrocken sieht sie mich auf dem Boden sitzen und ruft:

»Was ist los? Ist etwas passiert?«

Ich stehe auf und nehme sie in die Arme. Leise sage ich zu ihr:

»Es ist nichts passiert. Ich habe nur den Schlüssel beim Mülleimer-Raustragen auf dem Küchentisch liegen lassen und mich ausgesperrt.«

Sie schaut mich verdutzt an, schließt die Wohnung auf. Gemeinsam gehen wir in die Küche. Dort liegt mein Schlüsselbund auf dem Tisch. Ich hebe ihn hoch. Die Komik der Situation ist einfach überwältigend. Mir kommen Tränen vor Lachen.

»Siehst du«, pruste ich hervor, »es ist nichts passiert.«

Zusammen biegen wir uns vor Lachen.

Heute, einige Monate nach diesem turbulenten Tag, bin ich sogar froh darüber, dass es ihn gegeben hat. Ich würde zwar nicht so weit gehen, mich dafür bei den Redakteuren zu bedanken, aber es tut mir gut, dass es diesen Tag gegeben hat. Es war gut, dass ich durch den *Spiegel* tief in meinen eigenen Spiegel schauen musste – und mich dabei wiedererkannte, ohne mich zu verlieren.

Deshalb ist der fünfte Schritt von großer Wichtigkeit, denn er ist unser Begleiter auf unserem Lebensweg, unser Mahner und Freund. Er führt uns aus der Vergangenheitsbetrachtung in die zukunftsorientierte Lebensgestaltung und drückt die Permanenz des Versöhnungsgedankens aus. Er ist Symbol einer Lebensphilosophie, in der die Suche nach innerem und äußerem Frieden im Mittelpunkt steht. Durch den fünften Schritt wird nicht nur die Skulptur der Zeitzonen komplett, sondern es werden auch Vergangenheit, Gegenwart und Zukunft in unserem Leben vereint. Nun kann der Blick nach vorne gerichtet werden. Wir verlagern unseren inneren Schwerpunkt von der Betrachtung der Vergangenheit in die Gestaltung der Gegenwart. Jetzt, nachdem wir Frieden mit der Vergangenheit geschlossen haben, öffnet sich unser Denken und Fühlen für die bisher unbeachteten Potenziale und Chancen, die uns in der Zukunft erwarten.

Für eine Streitkultur der Gelassenheit

Gehören Themen wie Streit und Kampf überhaupt in ein Buch über Versöhnung? Wäre es nicht angemessener, dieses Buch hier zu beschließen? Leider nein, denn menschliche Gemeinschaft beinhaltet immer beides – sowohl die Suche nach Frieden als auch die Unvermeidbarkeit von Streit. Zu unterschiedlich sind die Ansprüche, Bedürfnisse und Interessen der Menschen, als dass Harmonie eine Selbstverständlichkeit wäre. Zu eng sind wir Menschen auch innerlich miteinander verbunden, als dass schon äußerer Abstand Konflikte vermeiden könnte. Sicher, die allermeisten Menschen wollen Frieden, aber zugleich möchten sie auch ihren eigenen Vorteil maximieren. Das ist Teil unserer Natur, danach gieren wir, und in diesem Spannungsfeld liegt die Krux.

Im Wettbewerb um Macht, Ansehen, Geld, Ressourcen, das nackte Überleben oder Liebe ist eine möglichst konsequente Durchsetzung eigener Interessen eine verlockende Option, der wir nur schwer widerstehen können, sobald wir die Gelegenheit dazu haben. Eine weitere Quelle für Konflikte stellt unsere Neigung dar, uns mit anderen zu vergleichen. Der eine will besser sein als der andere, ein anderer will mehr haben als seine Mitmenschen, und der Dritte will sie alle beherrschen. Eigentlich sollten unsere Bereitschaft und Fähigkeit zum Frieden im Vordergrund stehen, doch wir kommen nicht umhin, auch unsere starke Disposition zum Wettbewerb und damit die Tatsache von Kampf und Streit zu erkennen – und anzuerkennen.

Die meisten Konflikte speisen sich aus zwei Quellen: aus der Gier und dem Bedürfnis, in irgendeiner Form besser zu sein oder mehr zu haben als der andere. Diese Tendenz ist so stark, dass sie uns unentwegt neues Konfliktpotenzial beschert. Deshalb sind Kampf und Streit ein natürlicher Teil der menschlichen Natur, ebenso wie die zweite Quelle, unser Bedürfnis nach Liebe, Geborgenheit und Verbundenheit. Unser menschlicher Bauplan stellt hier zwei Pole in Form der Kräfte des Friedens und des Konflikts gegenüber. Einerseits bekämpfen sie sich, aber andererseits ergänzen sie sich auch: Sie sind wie Licht und Schatten, keines kann ohne sein Gegenüber existieren. Wer kann schon immer nur gut sein? Ja, manchmal scheint Kampf nicht nur unausweichlich, sondern sogar richtig zu sein.

Deshalb muss, wer Frieden will, auch Streit und Kampf als unvermeidliche Gegebenheit auf dem Weg zu Versöhnung und Frieden annehmen. Es wäre unsinnig, sie pauschal zu verdammen, es hieße, die Realität des Lebens zu verleugnen. Vielmehr gilt es, vernünftig, konstruktiv und lösungsorientiert damit umzugehen. Was wir brauchen, ist ein gesundes Verhältnis zum Konflikt, eben eine Streitkultur der Gelassenheit.

Essenziell für den Versöhnungsprozess ist es, eine neue Sicht auf die Vergangenheit zu gewinnen. Ebenso erstaunlich wie befriedigend ist die Erfahrung des Prozesses, den ich den Energiewandel nannte. Wer diesen inneren Wandel der Gefühle erlebt, macht die Erfahrung, dass etwas, das man als eine persönliche Last betrachtete, auch ganz anders aussehen kann. Und, das ist entscheidend: Es *fühlt* sich dann auch ganz anders an! Diese Neudefinition, diese andere Qualität der Empfindung bedeutet einen Zugewinn an emotionaler Energie. Sie verleiht unserem Willen die Schubkraft, damit wir aus dem Zustand der Hilflosigkeit herauswachsen können.

Emotionale Energie ist die Währung, in der auf diesem Weg fürs Weiterkommen gezahlt wird.

Wenn wir leben, was wir fühlen, brauchen wir die moralische Kraft für eine selbstbestimmte Gestaltung des Alltags. Das bedeutet nicht zuletzt auch, Widerständen angemessen zu begegnen – gerade auch dann, wenn der Blitz unerwartet einschlägt.

* * *

Während meiner Kölner Zeit fuhr ich regelmäßig mit der Straßenbahn von meiner Wohnung über die Luxemburger Straße in die Innenstadt zur Arbeit und zurück. Eines Abends, auf dem Rückweg nach Hause, saß ich ganz hinten neben einer Frau mit zwei kleinen Kindern, die durch ihre Kleidung eindeutig als Muslima zu erkennen war. Es war sehr ruhig, obwohl die Bahn voll war, die meisten Fahrgäste waren wohl ebenso kaputt von der Arbeit wie ich selbst. Alle schienen mit sich selbst beschäftigt, man döste vor sich hin, blickte aus dem Fenster, las oder hörte Musik über Kopfhörer.

Plötzlich steht ein sichtlich angetrunkener Mann vor uns und wirft aus dem Nichts heraus der Frau neben mir die übelsten Beschimpfungen an den Kopf. Und zwar in einer solchen Lautstärke, dass jeder es hören kann und wohl auch soll. Es ist ein brachialer Einbruchsversuch ins Idyll friedlicher Koexistenz von Menschen aller möglichen Altersstufen, sozialen Schichten und Nationalitäten, die sich hier zwanglos ergeben hat, im behäbig vor sich hin rumpelnden öffentlichen Verkehrsmittel einer deutschen Großstadt.

Manche Köpfe wenden sich in unsere Richtung. Andere werden verschämt gesenkt. Wieder andere demonstrativ weggedreht. Die beiden Kinder suchen verängstigt Schutz bei ihrer Mutter. Ich bin zunächst konsterniert. Nach einer kurzen Pause, die er in seinem Zustand zum Überlegen weiterer verletzender Ausdrücke wohl auch dringend nötig hatte, fährt der Angreifer mit seinen Verbalinjurien fort. Da platzt mir der Kragen.

»Lass die Frau in Frieden, Mann! Was soll das denn!«, fahre ich ihn an.

Langsam wie ein Stier, der das rote Tuch des Toreros als Ansatzpunkt für seinen Zorn sucht, wendet der Mann sich nun mir zu und drängt mir seinen Kopf fast ins Gesicht, sodass mir seine Fahne geradezu den Atem verschlägt.

»Willst du aufs Maul, eh?« fragt er mich drohend. »Wegen dieser Türkenhure da?«

Dabei schaut er mir provozierend ins Gesicht. Jetzt wird es mir zu bunt. Ich erhebe mich und baue mich vor ihm auf. Gezielt setze ich meinen Körper ein, um ihn einen Schritt zurückzuschieben. Dann versetze ich ihm aus einem spontanen Impuls heraus eine schallende Ohrfeige. Sein Kopf fliegt zur Seite, er behält ihn ein paar Sekunden, absichtlich wohl, in dieser Position, wie um mir und allen zu zeigen, dass ihm gerade ein fürchterliches Unrecht widerfahren ist. Dabei schaut er mir hasserfüllt schräg von unten in die Augen. Ich spüre, er könnte gleich zum Gegenangriff übergehen.

In diesem Moment gibt es einen Ruck in unserer kleinen Welt, die auf eine massive handgreifliche Auseinandersetzung zwischen zwei Männern zuzutreiben scheint, eine Art Stellvertreterkrieg für einen tiefen Konflikt in der großen Welt da draußen. Aha, unsere Bahn macht ihren Stopp an der Haltestelle »Universität«. Die automatischen Türen öffnen sich, die kleine Welt und die große begegnen sich. Das ist die Gelegenheit. Ich packe den Mann mit der einen Hand am Kragen und fixiere mit der anderen seinen Arm ...

Ich will ihm jetzt eine letzte Chance geben, das zu tun, was für ihn allein vernünftig wäre, nämlich die Gunst des Moments zu nutzen und einfach auszusteigen. Er tut es aber nicht. Bleibt wie angewurzelt stehen, wohl doppelt benommen vom Alkohol und von der Ahnung, sich übernommen zu haben. Oder wird er sich gleich loswinden und zuschlagen? Alles spielt sich innerhalb weniger Sekunden ab. In diesem Moment tue ich etwas, das mir zum Anlass für einige Nachgedanken werden sollte. Ich stoße ihn mit Wucht auf die Brust. Er stolpert nach hinten und fällt rückwärts durch die noch offene Tür. Schließlich landet er auf dem Bahnsteig und bleibt dort wie ein hilfloser Käfer auf dem Rücken liegen. Die Tür schließt sich, die Bahn fährt wieder an. Ich wische mir den Schweiß von der Stirn und setze mich wieder auf meinen Platz.

Die Frau, die anscheinend kein Deutsch spricht, sieht mich nur an und weint, wie auch die beiden Kinder. Mir ist die Situation peinlich, ich schweige. Die anderen Fahrgäste schauen angestrengt in alle möglichen Richtungen, nur nicht zu uns herüber. Keiner sagt etwas, niemand hat sich während dieser kurzen Episode bewegt. Totenstille in der kleinen Welt. Wenige Stationen später steige ich aus. Ich verabschiede mich von der Frau und den Kindern mit einem kurzen Kopfnicken und gehe nachdenklich und langsamer als sonst zu Fuß nach Hause.

* * *

Was war passiert? Es geschah völlig unerwartet, und alles ging so schnell, dass ich überhaupt keine Zeit zum Überlegen hatte, bis auf den kurzen Moment, wo ich mich entschied, den Störenfried hinauszubefördern. Immer wieder lief das Geschehen wie ein Film vor meinem inneren Auge ab. Ich hatte instinktiv reagiert und fragte mich: War mein Verhalten richtig und angemessen? Hätte ich es anders versuchen sollen, vielleicht mehr reden, hätte ich versuchen sollen, zu vermitteln und zu beschwichtigen?

Mein Nachdenken verlief in zwei Phasen. Der Vorgang hatte eine solche Bedeutung für mich, dass mehrere Jahre zwischen ihnen lagen. Das heißt, ich nahm den Gedankenfaden viel später nochmals auf – und kam zu einer zwar nicht völlig anderen, aber doch veränderten und differenzierteren Schlussfolgerung. Am Ende der ersten Phase, in den Tagen und Wochen nach dem Vorfall, schien schließlich klar: Ja, mein Verhalten war richtig und angemessen. Wie hätte man mit diesem Mann denn reden sollen? Er schien ja völlig betrunken, gerade noch in der Lage, sich eine deutlich schwächere Person als Opfer zu suchen. Er wollte Ärger und war der Gewalt nicht abgeneigt. Niemand konnte wissen, in welcher Weise die Situation noch weiter eskaliert wäre. Vielleicht hatte er sogar eine Waffe bei sich? Ich hatte nur eine Wahl gehabt: wegsehen oder eingreifen. Also schien es mir richtig, nicht nur verbal einzuschreiten, sondern in diesem Fall Gewalt mit Gewalt zu beantworten. Außerdem verlangt das Leben manchmal auch etwas Härte. Und »wo gehobelt wird, da fallen halt auch Späne«. Er wird sich schon wieder aufgerappelt haben und schon nicht unter die nächste Tram gekommen sein – so dachte ich.

Die zweite Phase des Nachdenkens verlief anders. Ich kam zwar im Prinzip zum gleichen Ergebnis, nämlich dass mein äußeres Verhalten vielleicht nicht ganz optimal, aber doch zielführend und, wenn auch mit einigen Fehlern behaftet, akzeptabel war. Wie aber durfte ich meine innere Haltung in diesem Konflikt bewerten? Diese Frage rückte für mich deshalb in den Mittelpunkt, weil in der Zwischenzeit der Versöhnungsgedanke zum Leitmotiv meines Lebens geworden war. Damit musste ich mir auch die Frage stellen, was damals mein eigenes Verhalten motivierte. Und ob ich heute bewusster und friedlicher mit den mir zur Verfügung stehenden körperlichen, seelischen und geistigen Ressourcen umgehen würde.

Und da fiel mir jetzt doch einiges auf, das mir gar nicht mehr so gefiel. Zum Beispiel habe ich dem Störenfried eine

Ohrfeige verpasst. Aber warum gerade eine Ohrfeige? Hätte ich ihm nicht gleich den Arm umdrehen, ihn auf diese Weise unschädlich machen und dabei ein paar klare Worte ins Ohr sagen können? Wie er mich da so schräg von unten angeschaut hatte, mit blutunterlaufenen, hasserfüllten Augen! Dieses demonstrative Beibehalten der Position des Kopfes nach einer Backpfeife, kannte ich das nicht selbst? Richtig, ich hatte das auch mal so gemacht. Einmal hatte mich ein kräftigerer Mitschüler so geschlagen. Ich wusste, ich war ihm nicht gewachsen, aber ich konnte ihn doch dazu zwingen, seine doppelte Grenzüberschreitung zu erkennen: Sieh her, du hast mich nicht nur geschlagen, du hast mich auch noch gedemütigt! Denn was ist eine Backpfeife, wenn nicht das: eine gezielte Demütigung? Ich ging noch tiefer und fragte mich, ob ich das insgeheim vielleicht beabsichtigt hatte. Nein, hatte ich nicht, auch wenn ich jetzt erkannte, dass Demütigung die seelische Wirkung gewesen war, die mein Schlag auf den Mann gehabt haben musste. Was ich eigentlich erreichen wollte, war etwas anderes: Ich wollte ihn erziehen. Ja, es war der Versuch einer erzieherischen Maßnahme ... Ich war verblüfft.

»Wer oder was gibt dir das Recht, diesen Mann erziehen zu wollen? Und dann auch noch auf diese Art und Weise, die mir doch selbst verhasst ist?«

So musste ich mich jetzt fragen. Und da war der Weg nicht sehr weit zu anderen Beispielen in meinem Leben, die mir zeigten, dass ich nur zu bereitwillig Gelegenheiten ergriff, jemandem »etwas ins Stammbuch zu schreiben«. Und wenn ich noch tiefer ging, musste ich wohl auch zugeben, dass dies wieder nur eine weitere Variante meines Opferbewusstseins war, denn letztlich ging es dabei immer darum, in irgendeiner Form da draußen »für Gerechtigkeit zu sorgen«, anstatt hier drinnen, in meinem Herzen, für Frieden.

Auch der Schubs, den ich dem Störenfried schließlich gegeben hatte, wurde von einem unbewussten und nicht ganz salonfähigen Motiv ausgelöst. Ich habe den Mann gezielt und gewollt aus der Gemeinschaft der Menschen hinausbefördert, deren Frieden er gestört hatte. Ich habe ihn damit auch symbolisch verstoßen. Klar, er war eine Bedrohung. Aber sind nicht auch die Menschen eine Bedrohung, die in solchen Situationen wegsehen und gar nichts machen? Und bin nicht auch ich selbst eine Bedrohung, indem ich dieser »sauberen Gesellschaft« ein Stück Drecksarbeit abnehme und diesen Menschen wie Kehricht aus ihrer Mitte entsorge?

Wohlgemerkt: Diese differenziertere Betrachtung meines Verhaltens in der Kölner Tram führte mich nicht zu der Schlussfolgerung, dass ich ganz und gar falsch gehandelt hätte. Außerdem ist dem Mann ja vielleicht wirklich eine Lektion erteilt worden. Vielleicht war er noch nicht so weit fortgeschritten auf seinem Weg der Selbstzerstörung, als dass ihm nicht gerade durch meine entschiedene Intervention klar geworden sein könnte, dass es Grenzen gibt und auch er Konsequenzen zu befürchten hat, wenn er sie nicht wahrt. All das zugegeben: Für mich selbst, für mich ganz persönlich gelten meine eigenen Maßstäbe. Und das sind innere Maßstäbe, mein äußeres Verhalten ist nur deren Funktion.

Ich finde, es ist kein Widerspruch, sich einerseits engagiert für inneren Frieden und Versöhnung einzusetzen und zugleich auch, wenn nötig, gelassen zu kämpfen und zu streiten. Dies gilt nicht nur, wenn Angriffe schwächeren oder gar hilflosen Menschen gelten, sondern auch dann, wenn unsere berechtigten eigenen Interessen auf dem Spiel stehen. Es wird immer Menschen geben, die ihr Leben und ihr Selbstwertgefühl durch ihre Macht über andere definieren und die versuchen werden, die natürlichen Grenzen, die dem Einzelnen im Rahmen eines gedeihlichen Miteinanders gesetzt sind, zu ihren Gunsten und auf Kosten anderer zu verschieben. Nicht immer ist es möglich, sie in die Schranken zu weisen, zumal wenn sie Geschick darin beweisen, andere für ihre Ziele einzuspannen, wenn sie täuschen und lügen oder vielleicht sogar andere noch davon überzeugen, dass sie in deren Interesse handeln. Selbst wenn es möglich ist, sie zu stoppen, werden sie dennoch auf die nächste Chance lauern und gerade immer so weit gehen, wie die anderen es zulassen. Und, wenn sie besonders clever sind, jeden Moment der Unaufmerksamkeit nutzen, um noch einen Schritt darüber hinaus zu gelangen.

Wenn wir schon streiten müssen, dann hoffentlich mit einer Streitkultur der Gelassenheit. Streiten ist nötig, aber es sollte nicht die Regel sein. Immer wenn wir in den »Kreisverkehr« einbiegen, sollten wir uns ernsthaft prüfen, ob es nicht doch die Ausfahrt eines versöhnlichen Umgangs gibt. Wenn dem wirklich nicht so sein sollte, dann muss es halt auch einmal der Streit sein. Aber allein schon durch diese kurze Phase des Nachdenkens, der bewussten Entscheidung nehmen wir sehr viel Gewalt und Gift aus unserem Streiten, selbst wenn wir es für notwendig erachten.

Auf dem Weg der Versöhnung ist es nicht angesagt, Störenfriede zu erziehen oder zu verstoßen, und es ist auch nicht damit getan, sie erfolgreich in die Schranken zu weisen. Letzteres kann nur der äußerliche Erfolgsausweis einer Streitkultur der Gelassenheit sein, wobei wirklicher Erfolg auch hier nicht im Was, sondern nur im Wie liegen kann.

Die Wahrheit ist dem Menschen zumutbar

Die Wahrheit ist dem Menschen zumutbar.
Ingeborg Bachmann

Dieser Satz steht auf einem Gedenkstein in Bad Homburg, genauer gesagt im Seedammweg, am Ende des Kurparks, keine 20 Kilometer von meinem Zuhause entfernt. Dort wurde im November 1989 Alfred Herrhausen durch ein Bombenattentat getötet. Wie so viele andere terroristische Gewalttaten ist auch dieses Verbrechen bis heute nicht aufgeklärt.

Das Denkmal in Form zweier Basaltstelen steht diskret zurückgesetzt, fast etwas verloren wirkend, am Straßenrand, als ob es uns erinnern, dabei aber nicht stören wollte. Nur wenige Meter daneben befinden sich zwei bekannte Freizeiteinrichtungen, die Besucher auch von weit her anziehen, eine Therme mit ihrer Saunalandschaft und ein Schwimmbad mit einer Reihe von Innen- und Außenbecken. Man kommt also gern in den Seedammweg, um sich zu erholen, um zu schwimmen, um mit der Familie und den Freunden Spaß zu haben. Doch will man an einem solchen Ort an Terrorismus und Tod erinnert werden?

Auch ich fahre oft in den Seedammweg, in der kalten Jahreszeit, um die Saunalandschaft zu genießen, im Sommer, um schwimmen zu gehen. Gegenüber dem Denkmal befindet sich der Eingang des Parkhauses. Und jedes Mal wenn ich dort heraustrete, mit meiner Saunatasche in der Hand den Zebrastreifen überqueren will, sehe ich rechter Hand, nur wenige Meter entfernt, die beiden Stelen. Häufig halte ich kurz inne und berühre sie kurz.

Eigentlich bin ich auf dem Weg zu Entspannung und Wellness, aber das Denkmal ist für mich auch ein Mahnmal meines alten Lebens, denn durch es blickt mich meine Vergangenheit an. Unwillkürlich steigen die Bilder auf, vor allem von persönlichen Begegnungen mit Alfred Herrhausen, den ich sehr verehrte. Einmal hatten wir, ich war damals bei der Bundeswehr, in einem lustigen Gespräch um eine Kiste Bier gewettet. Ich erinnere mich gar nicht mehr an den Gegenstand unserer Wette, wohl aber an seine Reaktion, als klar war, dass er die Wette verloren hatte. Er schickte mir nicht nur die Kiste Bier, sondern auch eine persönliche Notiz, in der er mir zu meinem Gewinn gratulierte und mir wünschte, dass ich im Leben sorgfältig mit meinen Wetten umgehen und nun die Kiste mit meinen Freunden leer trinken solle.

Manchmal liegt ein Gedenkkranz meines Vaters am Fuße der Stele. Dann lese ich Worte wie »Von Helmut Kohl – für einen Freund« auf der schwarz-rot-goldenen Schleife. Ich halte dann inne, und es sind stets die gleichen Erinnerungen, die mich in diesen Momenten ereilen. Ich denke an Alfred Herrhausen, an die Wette, an unsere Fröhlichkeit, an meine Überraschung, als die Kiste mit der Notiz kam. Wenn ich den Kranz sehe und den Namen meines Vaters lese, dann sehe ich sein Gesicht vor mir, erinnere mich daran, wenn er Freitagnachts sehr spät nach Hause kam und noch leise die Tür meines Kinderzimmers öffnete, um kurz hineinzuschauen. Ich tat dann immer so, als ob ich schon schliefe, denn so lautete ja schließlich Mutters Anweisung. Doch heimlich freute ich mich zu wissen, dass er jetzt da war und dass ich nun schlafen konnte. Manchmal legte er mir Bücher an das Fußende meines Bettes. Ein wahres Sammelsurium von Titeln, von Krimis über geschichtliche Themen bis hin zu Bildbänden über Orte, die er gerade besucht hatte, Bücher, die ihm dort als Gastgeschenke überreicht worden waren. Es sammelte sich bei mir mit der Zeit eine bunte Mischung von Titeln an.

Meine Gedanken fliegen weiter. Ich denke an meine Mutter, an unsere gemeinsame Fahrt in die Schweiz, kurz nachdem ich meinen Führerschein gemacht hatte. Damals sagte sie: »So, jetzt lernst du wirklich Auto fahren.«
Wir fuhren mehrere Tage lang einfach nur in der Gegend herum, ich chauffierte sie die ganze Strecke, und sie gab mir Tipps. Wie fährt man am Berg an, wie parkt man ein, wie fährt man auf der Autobahn. Unsere Route führte uns über Offenburg, in den Schwarzwald und dann in die Schweiz. Via Schaffhausen ging es am Zürichsee vorbei zum Brünigpass, weiter zum Thuner See und dann über Bern und das Elsass zurück nach Ludwigshafen. Abends übernachteten wir irgendwo, wohin es uns gerade verschlug. Wir genossen das Leben und unsere Gemeinschaft. Diese Ad-hoc-Spritztour ist eine der schönsten Erinnerungen, die ich an meine Mutter habe. Aber ich sehe auch die Bilder ihres Todes, wie sie in meinem Jugendzimmer auf meinem Bett lag, leblos. Ich sehe ihr im Tod entspanntes Gesicht und fühle wieder ihren kalten Körper.

Für mich sind diese Momente am Mahnmal nicht ohne Magie. Auf wenigen Quadratmetern sehen mich Symbole der alten Zeit, meines alten Lebens an: meine Herkunftsfamilie, der Terrorismus. Viele unterschiedliche Gefühle steigen in mir auf, oft ganz widersprüchlicher Art. Zum einen das Echo jener Trauer und Wut, die das sinnlose Sterben damals in mir auslöste. Warum müssen Menschen so sterben? Warum musste alles so sein? Aber auch ganz angenehme, warme Gefühle, so wie die Bilder von der Bierkiste und dem kurzen Moment, als Vater nachts nach mir schaute, oder die Fahrt mit Mutter in die Schweiz.

Ich komme schon seit mehr als einem Jahrzehnt in den Seedammweg. Heute reagiere ich ganz anders als noch vor wenigen Jahren. Einst würgten diese alten, schweren Gefühle, Erinnerungen und Fragen mein Herz. Heute sind sie wie alte

Bekannte, denen ich mit großer innerer Distanz und einer erfrischenden neutralen Freundlichkeit begegne.

»Ach, hallo, ihr seid auch wieder da«, begrüße ich diese Gefühle und Gedanken, wenn ich am Denkmal stehe.

Ich weiß, dass auch sie zu meinem Leben gehören. Sie sind Teil meiner Biografie. Ich akzeptiere sie als einen Teil meines eigenen Seins, nicht mehr und nicht weniger. Alle diese Gedanken und Gefühle sind meine persönliche Wahrheit – sie sind zumutbar, denn ich habe sie angenommen. Sie schmerzen nicht mehr. Heute sind sie ein akzeptierter Teil meiner selbst. Sie haben ihre Macht über mich verloren.

Echter innerer Friede kann jede Wahrheit annehmen, denn er muss sie gar nicht ertragen, er nimmt sie einfach an. Er gibt ihnen einen Platz in unserem Leben. In diesem Frieden ist so viel Raum wie in einer großen Halle. Alles findet dort seinen Ort, auch die belastende Vergangenheit. Erst jetzt erleben wir, wie unendlich groß unser Herz sein kann. Vergangenheit braucht ihren Raum, ihren Erinnerungsraum. Das heißt nicht, dass wir sie in die Mitte dieser Halle stellen müssen, dorthin, wo wir permanent über sie stolpern würden. Nein, im Gegenteil, es bedeutet nur, dass es einen Teil der Halle geben muss, der Vergangenheit heißt. Denn Vergangenheit ist immer mit und in uns, sie gehört zu uns. Sie zu verleugnen, vor ihr zu fliehen oder sie gar zu bekämpfen ist sinnlos. Sie ist ein Stück unserer selbst, unserer seelischen DNA.

Deshalb möchte ich den Satz »Die Wahrheit ist dem Menschen zumutbar« gern erweitern und sagen: »Die Wahrheit und die Vergangenheit sind dem Menschen zumutbar.« Und wenn aus der alten Zumutung eine neue, ruhige Selbstverständlichkeit geworden ist, dann herrscht innerer Friede. Dann wird die schmerzhafte Vergangenheit zum Humus für unsere Gegenwart und unsere Zukunft.

Meist stehe ich nicht lange am Mahnmal, vielleicht nicht einmal für eine halbe Minute. Doch diese Zeit ist mir sehr kostbar. Sie ist ein Geschenk, eine Freude. Oft genügen nur wenige Sekunden, um ein Gefühl der inneren Klarheit, der inneren Stimmigkeit zu erleben, um alles in eine friedliche Ordnung zu bringen. Dieses befreiende Gefühl und diese Klarheit sind das Geschenk des Versöhnungswegs. Deshalb habe ich dieses Buch geschrieben, deshalb hat die Versöhnungsarbeit einen solchen Stellenwert in meinem Leben gewonnen. Dafür bin ich dankbar. Diese Gewissheit schenkt mir die Kraft und die Lebensfreude, meinen Weg auch an schwierigen Tagen weiterzugehen. Ich bin überzeugt: Die Wahrheit und die Vergangenheit sind dem Menschen zumutbar, denn sie werden, wenn wir unseren Frieden mit ihnen gemacht haben, zu Quellen unserer Kraft und zu Richtungsanzeigern auf unserem Weg. Es liegt an uns, diese Chance zu nutzen. Dann werden wir frei für unsere eigene Gegenwart und Zukunft.

DANK

Dieses Buch konnte ich nur dank der Unterstützung vieler Menschen schreiben. Besonders nennen möchte ich Frank Alkenbrecher, Dr. Christoph Kolbe (GLE), Johannes, Peter und Rudi.

Ohne das Vertrauen und die Unterstützung meiner Frau Kyung-Sook in meinen Versöhnungsweg hätte ich diesen Aufbruch wohl nicht geschafft. Sie hat mich ermutigt und mir Freiräume geschaffen, ohne die dieses Buch nicht möglich gewesen wäre.

Meinem Lektor und Freund Eckhard Graf gilt mein großer Dank für seine engagierte und professionelle Betreuung.

ANHANG

Es folgen Arbeitsblätter und praktische Hinweise zum Versöhnungsweg. Die Arbeitsblätter sollten kopiert werden, um sie ggf. mehrfach zu benutzen.

Entsprechende Arbeitsblätter finden Sie auch im Internet zum Herunterladen unter *www.walterkohl.de*

MEIN VERSÖHNUNGSWEG: ARBEITSBLATT

WAS IST MEIN ANLIEGEN?
(in max. 7–10 Worten)

Ich will

ALLES AUF DEN TISCH LEGEN:
– Brief(e) an mich selbst
– Verdichtung mit Highlighter

Alte Energien

Alte Glaubenssätze

DEN ENERGIEWANDEL ERLEBEN:

Alte Energien	Spiegelenergien

Alte Glaubenssätze	Neue Glaubenssätze

Fragen der Innenschau durchgehen

MEIN VERSÖHNUNGSWEG: HINWEISE ZUM ARBEITSBLATT

WAS IST MEIN ANLIEGEN?
(in max. 10 Worten)

Ich will _____

_____

_____

_____

Indem wir sagen »Ich will …«, sagen wir auch, was wir nicht wollen (z. B. Rache, Wiedergutmachung, Anerkennung). Wichtig dabei: Kein versteckter Kampf oder insgeheime Flucht. Siehe Kreisverkehr! Das Anliegen dient als Test der »richtigen« Ausfahrt aus dem Kreisverkehr!

_____

_____

_____

_____

ALLES AUF DEN TISCH LEGEN
Als Hilfe, um alles auf den Tisch zu bringen: Brief(e) an mich selbst (alle Gefühle, Gedanken, alles bisher Unausgesprochene werden ausgesprochen. Dabei allen Gefühlen, Frustrationen, Zorn, Ängsten usw. freien Lauf lassen. Alles muss raus, alles muss auf den Tisch.)

Kernsätze herausarbeiten und mit einem Highlighter markieren.

Schmerzende Gedanken und Gefühle benennen und ins Arbeitsblatt eintragen.

Eigene begrenzende Glaubenssätze herausarbeiten und ins Arbeitsblatt eintragen.

DEN ENERGIEWANDEL ERLEBEN

Spiegelenergien finden, zuordnen, gegenüberstellen
Meditation/Innenschau:
➤ In völliger Stille und Ungestörtheit anschauen und wirken lassen;
➤ Ins Gefühl der jeweiligen Energien und Gegenenergien kommen.

Unterstützende Fragen für die Innenschau:
➤ Kann ich diese Gefühle annehmen?
➤ Wer wäre ich ohne diese schmerzenden Gefühle?
➤ Was ist mein Anteil an der Situation: Wo und wie habe ich die andere(n) Person(en) verletzt, ihnen oder mir Unrecht getan?
➤ Was haben die Beteiligten mir Gutes getan?
➤ Was lerne ich aus dieser Erfahrung?

_____

_____

_____

_____

MEIN FRIEDENSVERTRAG MIT MIR SELBST

Ein kurzer, präziser und verbindlicher Text, in dem das Thema (der bisherige innere Krieg) befriedet und abgeschlossen wird. Es gibt keine Sieger und Verlierer, es gibt nur einen guten, nachhaltigen Frieden, einen Frieden, mit dem alle nach bestem Vermögen leben können. Dieser Text muss mindestens zehn Jahre Bestand haben.

➤ Mit diesem Text wird ein Abschluss geschaffen, vor einem selbst eine Klarheit formuliert, die eine eigene Verbindlichkeit und Befreiung schafft.
➤ Wenn es eine beidseitige Versöhnung geben kann, dann bildet »mein Friedensvertrag mit mir selbst« mein Friedensangebot an den/die anderen einen Neuanfang.
➤ Im Falle einer einseitigen Versöhnung schließt der Friedensvertrag den Versöhnungsprozess ab.

DIE NEUE KRAFT IM FLUSS DES ALLTAGS NUTZEN

Die Kraft der Spiegelenergien für einen neuen, sinnvollen Weg nutzen. Egal, auf welchem Feld, bei welchem Thema, wo und wie (Stimmigkeit prüfen).

Leben & Sinn: Welche Frage stellt das Leben JETZT?

MEIN FRIEDENSVERTRAG MIT MIR SELBST:

_____
_____
_____
_____
_____
_____
_____
_____
_____
_____
_____
_____

**DIE NEUE KRAFT IM FLUSS
DES ALLTAGS NUTZEN:**

_____
_____
_____
_____

Der eigene Friedensvertrag als Prüfstein, Begleiter und Freund. Die Kraft der Spiegelenergien für einen neuen, sinnvollen Weg nutzen. Leben und Sinn: Welche Frage stellt das Leben JETZT?

PERSÖNLICHE NOTIZEN